輕鬆讀懂 大佛頂
首楞嚴經

上

清淨筏集
著

目錄

讀者前行 6

有關首楞嚴經 9

卷一 21

卷二 62

卷三 120

6

讀者前行

網路時代，各種資訊取得方便，種種的道理和說法
如恆河沙，學佛必須具備正知見，依法修行才能事
半功倍，請堅守佛陀教導辨別正法的最重要原則。

三法印：
諸行無常。諸法無我。涅槃寂靜。

四依：
依法不依人。依義不依語。依智不依識。依了義不
依不了義。

金剛經：
須菩提！說法者，無法可說，是名說法。復次，須
菩提！是法平等，無有高下，是名阿耨多羅三藐三
菩提；
以無我、無人、無眾生、無壽者，修一切善法，則

得阿耨多羅三藐三菩提。

以是義故，如來常說，汝等比丘，知我說法如筏喻者。法尚應捨，何況非法。

拘留孫佛：

所行合宜不合宜，反省自我非查他，憎惡不喜與其他，彼行未行莫觀察。

舍浮佛：

心本無生因境有

維摩詰所說經：

佛以一音演說法，眾生隨類各得解，
皆謂世尊同其語，斯則神力不共法。
佛以一音演說法，眾生各各隨所解，
普得受行獲其利，斯則神力不共法。
佛以一音演說法，或有恐畏或歡喜，
或生厭離或斷疑，斯則神力不共法。

佛說一切法　為度一切心
若無一切心　何用一切法

眾生見諸法　但隨諸法轉
不了法無性　是以不見佛

眾手助指月　莫論手是非
了得月眞義　何須手多言

文章盡量以原文意義翻譯爲白話，文字音聲皆爲助
緣法相，請莫執著，盼佛力加持，使讀者隨機得悟，
功德迴向讀者、輾轉流通者及一切有情，願正法常
住。

有關首楞嚴經

「佛說法滅盡經」中提到「首楞嚴經」和「般舟三昧經」是末法時期先化滅的二部佛經。佛教裡有諺語:「開慧的楞嚴,成佛的法華,富貴的華嚴」。修行上的比喻:楞嚴是鑰匙,法華是門,華嚴是路。

在末法時代,釋迦牟尼佛的教典會相繼被破壞,其中最先被滅的就是這部「楞嚴經」。因為這部經所宣說的法門,像照妖鏡一般,能使外道邪說不攻自破,讓邪魔外道無所遁形。所以邪魔外道懼怕,想盡辦法要把這部經消滅,大肆宣揚「楞嚴經」是偽經,非佛所說,藉此以鞏固自己的地盤,趁機廣納徒眾;只要這部經被消滅了,人們就沒有檢擇正法的依據,種種的外道邪說便可肆無忌憚地到處流竄,讓人分不清是非黑白,進而胡作非為,使眾生沈淪於苦海之中,永無出期之日。

唐朝百丈懷海大師最早將「楞嚴經」與「楞嚴咒」納入朝暮課誦內容。大師所訂的清規，世稱「百丈清規」，天下叢林無不奉行。

北宋朝長水子璿大師：

「大佛頂密因了義首楞嚴經」者，乃竺幹之洪範，法苑之寶典也。昔能仁以出震五天，獨尊三界，假金輪而啓物，現玉毫而應世，觀四生之受苦也，惠濟庶物，潛群機之未悟也……則斯經也，可以辯識諸魔破滅七趣，謂止及觀，修圓教妙明之心，發眞歸源，證上乘至極之說。

北宋朝晉水淨源大師：

「大首楞嚴經」者，乃九界交歸之要門，一乘冥會之妙道也。征誦咒則六時圍繞，辨證果則百日宴坐。雖事儀而沖邃，實理觀以融明者也。若夫修三觀而均七大，黜魔境說曆聖位，則近古章句，亦云備足。

北宋朝德洪寂音尊者：

「首楞嚴經」者，開如來藏之要樞，指妙明心之徑路，了根塵之妙訣，照情妄之玄猷。眞所謂入一乘

之坦途,辟異見之宏略。

北宋朝戒環大師:

論三經大致,無非爲一大事因緣,而必先藉「般若」發明,次由「楞嚴」修證,終至「法華」印可,然後盡諸佛能事序固如是也。然則,導達禪乘決擇正見,莫尚「楞嚴」矣。

元朝天如惟則禪師:

「首楞嚴經」者,諸佛之慧命,眾生之達道,教觀之宏綱,禪門之要關也。世尊成道以來,五時設化,無非爲一大事因緣。求其總攝化機,直指心體,發宣眞勝義性,簡定眞實圓通。使人轉物同如來,彈指超無學者,無尚「楞嚴」矣。

明朝交光眞鑒大師:

是則斯經也,一乘終實,圓頓指歸。語解悟,則密因本具,非假外求;語修證,則了義妙門,不勞肯綮,十方如來得成菩提之要道,無有越於斯門者矣夫!

然「法華」與斯經雖皆攝末歸本之眞詮，而「法華」但以開其端，而斯經方以竟其說矣！我故嘗敘斯經（「楞嚴經」）爲「法華」堂奧、「華嚴」關鍵，誠有見於是耳。

明朝紫柏眞可大師：

首楞嚴，此言一切事究竟堅固，一切事究竟堅固，即「法華」觸事而眞也，第名異而實同……倘能悟此，則「楞嚴」與「法華」字字皆實相頂佛也。

明朝憨山德清大師：

原夫「首楞嚴經」者，乃諸佛之秘藏，修行之妙門，迷悟之根源，眞妄之大本」。

不讀「楞嚴」，不知修心迷悟之關鍵；不讀「法華」，不知如來救世之苦心；不讀「華嚴」，不知佛家之富貴。

「首楞嚴經」者，諸佛如來大總持門秘密心印，統攝一大藏教五時三乘，聖凡眞妄、迷悟因果攝法無遺，修證邪正之階差、輪迴顛倒之情狀，了然目前

如觀掌果；可謂徹一心之源、該萬法之致，無尙此經之廣大悉備者，如來以一大事因緣出現世間，捨此別無開導矣！

明朝幽溪傳燈大師：

大矣哉！「首楞嚴」之爲經也，無法不具，無教不收，狂心若歇，歇即菩提，勝淨妙明，不從人得，謂之華嚴圓頓可也……可謂明心見性之妙門，成佛作祖之祕典也。

明朝蕅益智旭大師：

是誠一代時教之精髓，成佛作祖之祕要，無上圓頓之旨歸，三根普被之方便，超權小之殊勝法門，摧魔外之實相正印也。

明朝通潤大師：

「楞嚴」一經，統萬法爲兒孫，攝群經爲眷屬。文雖十卷，實大藏之都序也。有志教法者，不可不先讀，又不可不熟讀，熟則心目口齒間，隱隱隆隆，自有入路，不必借人頰頰，拾人涕唾，若果先明經義，回視諸家注疏，涇渭立見。否則爲注疏奪心，

而經義反晦矣。

明朝柴紫乘時大師：

此經不獨該通五教，亦且圓攝三宗，蓋「法華」、「華嚴」等經，互貫諸經之堂奧者也。而「楞嚴」一經兼貫「法華」等經之脈絡者也。非遍閱諸經者，詎識此經之微妙？非熟諳此經者，又詎知其爲諸經之綱領乎？

明朝大韶大師：

「楞嚴經」者，如來縱橫妙辯吐納，虛空舌底鋒鋩神奇，變化綿綿密密如空穀響，全體是楞嚴大定，全體是大寂滅海中流出。恣肆汪洋，語言揮灑如激，懸河埋鋒弢穎。每變每奇，莫測其淺深；融心融見，迷者之所忙然。心無是非之域，見無是非之境，即心是非雙忘也⋯⋯

明朝蓮池袾宏大師：

縱使他人能說此經，吾亦尊之爲佛祖也。相反，縱使佛現於前而說「楞嚴」是僞經者，吾等亦視爲魔說可矣！

明朝儒者：

自從一讀楞嚴後，不讀世間糟粕書。

清朝夢東徹悟大師：

首楞嚴者，稱性大定之名也，以如來藏心而為體性，以耳根圓而為入門，以窮極聖位而為究竟，此依藏性之理，起稱性之行，還複證入藏性全體，一經大旨，義靈於斯。

諦閑大師：

斯經高妙極致，非文言句義而能盡述。唯有退喇嘛教機，虛懷仰贊而已，凡後之志學之士，苟能惜人身，得之不易。悟大教，值之倍難，或即生欲發真歸元者，欲明心見性者，宜應於此一經，盡其心力，赤體荷擔，坐臥經行，澄心體究，語默動靜，反照提撕，其或宿種忽芽，大開圓解，如初春霹靂，蟄戶頓開。

虛雲大師：

以我的愚見，最好能專讀一部楞嚴經，只要熟讀正文，不必看注解，讀到能背，便能以前文解後文，

以後文解前文。此經由凡夫直到成佛，由無情到有情，山河大地，四聖六凡，修證迷悟，理事因果戒律，都詳詳細細的說盡了，所以熟讀楞嚴經很有利益。

現在是末法時代，你到那裡訪善知識呢？不如熟讀一部楞嚴經，修行就有把握，就能保綏哀救，消息邪緣，令其身心。入佛知見，從此成就，不遭歧路！」

虛雲大師活了一百二十歲，一生就只批註過這部「楞嚴經」。

古來行人，從此經悟道的很多，溫州仙岩安禪師，因看「知見立知，即無明本；知見無見，斯即涅槃。」當時破句讀云：「知見立，知即無明本；知見無見，斯即涅槃。」於此乎有悟入。後人語師云：「破句讀了也！」師云：「此是我悟處！」畢生讀之不易，人稱之曰「安楞嚴」。希望同參們，無論老少，常讀楞嚴。此經是你隨身善知識，時聞世尊說法，就和阿難作同參！

印光大師：

諸大乘經，帶說淨土者，多難勝數。而楞嚴經大勢
至念佛圓通章，實爲念佛最妙開示。眾生果能都攝
六根，淨念相繼以念，豈有不現前當來必定見佛，
近證圓通，遠成佛道乎哉。

文鈔續編卷下「淨土五經重刊序（民國二十二年）」
楞嚴一經，不知淨土者讀之，則爲破淨土之元勳。
知淨土者讀之，則爲宏淨土之善導。何以言之。以
自力悟道之難，淨土往生之易。十法界因果，一一
分明。若不仗佛力，雖陰破一二，尚或著魔發狂，
爲地獄種子。而且二十四圓通之工夫，今人誰能修
習。唯如子憶母之念佛，凡有心者，皆堪奉行。但
得淨念相繼，自可親證三摩。

宣化上人：

「楞嚴經」這一部經，是整個佛教一部代表的經，
若沒有「楞嚴經」就沒有佛教。所以佛才預先就說，
法滅的時候，「楞嚴經」先滅；「楞嚴經」滅完了以
後，其他的經典才繼續地滅。所以我們佛教徒，要
是想護持佛教，先要護持「楞嚴經」，到處來講「楞

嚴經」，說「楞嚴經」，翻譯「楞嚴經」，念「楞嚴經」，並且主要地要誦「楞嚴咒」。這「楞嚴咒」就是佛的法身，有「楞嚴咒」的地方，就是有佛的舍利。

仁清法師

魔對佛教一切經典，特別是「楞嚴經、咒」的破壞，早就開始了，而且是每時每刻地進行著，就在我們身邊……

有「魔」說：「楞嚴咒」只能在凌晨 3—5 點念，這樣就把想誦「楞嚴咒」而在 3—5 點沒有時間的人擋在了「楞嚴」大門外，正法的力量又削弱了一部分……

有「魔」說：「楞嚴咒」不能出聲念……

有「魔」說：「經書不能誦，你在誦經時如果打妄想會下地獄的……

有「魔」說：「經書不能誦，你在誦經時如果有不認得的字就會下地獄的……

有「魔」說：「某經不能誦，你誦經如果把鬼引了來可就麻煩了……

據經上授記，到了末法時期，首先滅的是「楞嚴經、咒」，因為「楞嚴經」是「照妖鏡」，「楞嚴咒」是「降

魔杵」，眾生具備了照妖鏡就具有了辨魔的法眼，使魔失去了表演的機會；眾生具備了降魔杵就具足了降魔力，能使妖孽不起，正法永駐，所以對於魔王、魔子、魔孫來說，他們最害怕「楞嚴經、咒」，極力破壞它的存在。

「魔」製造種種藉口，設定多種障難，讓人們認為「楞嚴經咒」有很多的「禁忌」而誦不得，長此以往，此經咒就沒人敢讀誦了，「楞嚴經咒」也就慢慢滅了，真的末法就會開始了……

淨空法師

這部經翻來的時候也比較特別。諸位曉得，我們中國古代到印度去留學的人數不能說不多，年代不能說不久，可以說一切的經論我們中國的留學生都涉獵到，唯有這部「楞嚴經」沒有人見到過。有聽說這個名字，沒有看到這部經，連玄奘大師在印度十六、七年都沒有看到過這部經，所以後來有人說「楞嚴」是偽造的，起了這種疑惑。實在講絕不是偽造的，為什麼？這部經在西藏藏文經典裡面有。諸位要曉得，藏文的經典是從梵文直接翻譯過去，不是從漢文翻譯過去。其原因是印度人吝嗇，別的經可

以讓外國人學，這部經是國寶，國家是高度的保密，不讓外國人學。印度人吝法，所以印度的佛法滅掉了。雖然吝法，在當時般刺密帝法師真正發了慈悲心，他知道中國人的根性是大乘根性，有資格接受這個法門，所以就把它偷到中國來了。

一般人不曉得，以為「楞嚴經」與禪宗有關係，參禪的人沒有不讀「楞嚴」的；裡面有「五會楞嚴神咒」，「楞嚴」與密宗有關係，也有人把它放在「大藏經」密教部，他就不曉得「楞嚴經」與淨土有關係。

慧律法師

「楞嚴經」就如同小部的大藏經，這個「楞嚴經」包羅萬象，接近七萬個字，六萬九千多字，是指經文，不是註解，經文六萬九千多字，將近七萬個字，包羅萬象。「楞嚴經」如同一部小部的大藏經，換句話說：把「楞嚴經」好好的研讀一遍，等同看過一遍大藏經的精要、精華。這個「楞嚴經」，包括禪、淨、律、密，全部都包括在裡面。

大佛頂如來密因修證了義諸菩薩萬行首楞嚴經

唐天竺沙門般剌蜜帝譯
烏萇國沙門彌伽釋迦譯語
菩薩戒弟子前正諫大夫同中書門下平章事清河房融筆受

卷一

如是我聞。一時，佛在室羅筏城祇桓精舍。與大比丘眾千二百五十人俱，皆是無漏大阿羅漢，佛子住持，善超諸有，能於國土成就威儀。從佛轉輪，妙堪遺囑。嚴淨毗尼，弘範三界。應身無量，度脫眾生。拔濟未來，越諸塵累。其名曰大智舍利弗，摩訶目犍連，摩訶拘絺羅，富樓那彌多羅

尼子，湏菩提，優波尼沙陀等而爲上首。復有無
量辟支無學，并其初心，同來佛所。屬諸比丘，
休夏自恣。十方菩薩，咨決心疑。欽奉慈嚴，將
求密義。即時如來敷座宴安，爲諸會中宣示深奧。
法筵清衆得未曾有，迦陵仙音遍十方界。恒沙菩
薩來聚道場，文殊師利而爲上首。

這是我親耳聽聞的，某個時刻，釋迦牟尼佛在室羅
筏城的祇桓精舍裡，和一千二百五十個大比丘一起
聚集。這些大比丘都是成就無漏智的大阿羅漢，具
備佛智而在世間宏揚佛法，他們超越種種有爲法，
能在俗世成就佛法威儀。跟隨佛陀宏化佛法，巧妙
完成佛陀的各種囑託。他們嚴格遵守佛陀制定的戒
律，爲三界眾生樹立了學習的典範。他們應化無量
身形，去度脫苦海眾生，救拔濟度眾生免於未來輪
迴，使眾生超脫塵世有爲法的繫累，他們是大智舍
利弗、摩訶目犍連、摩訶拘絺羅、富樓那彌多羅尼
子、須菩提、優波尼沙陀等等首座，還有無數的辟
支佛，連同初發心修行者，一同來到佛陀所在地方，
和比丘大眾一起結夏安居。來自十方世界的菩薩，
爲斷絕心中疑惑，也來請佛陀開示佛法密義。這時

佛陀舖好座位安詳端坐，爲法會大眾，開示深奧佛理。讓法會清淨眾生，得到未曾有過的啓發。法語如同迦陵頻伽鳥的仙音，遍滿十方世界。像恒河沙數量菩薩，也來聚集到道場，而文殊師利菩薩是首座菩薩。

時波斯匿王爲其父王諱日營齋，請佛宮掖，自迎如來。廣設珍羞無上妙味，兼復親延諸大菩薩。城中復有長者居士同時飯僧，佇佛來應。佛敕文殊分領菩薩及阿羅漢應諸齋主。唯有阿難先受別請，遠遊未還，不遑僧次。既無上座及阿闍黎，途中獨歸。其日無供，即時阿難執持應器，於所遊城次第循乞，心中初求最後檀越以爲齋主，無問淨穢，刹利尊姓及旃陀羅。方行等慈，不擇微賤，發意圓成一切眾生無量功德。阿難已知如來世尊訶須菩提及大迦葉，爲阿羅漢心不均平。欽仰如來開闡無遮，度諸疑謗。經波城隍，徐步郭門。嚴整威儀，肅恭齋法。爾時，阿難因乞食次經歷婬室，遭大幻術。摩登伽女以娑毗迦羅先梵天咒攝入婬席，婬躬撫摩，將毀戒體。

當時波斯匿王因為父親的忌日而設齋席供養佛陀。邀請佛陀到他的宮殿應供，他親自迎接佛陀，擺設豐盛珍貴美味筵席，還親自延請了所有大菩薩。城內又有其他長者居士同時以齋飯供養僧眾，等待佛陀來應供。佛陀囑咐文殊師利菩薩分配眾菩薩和阿羅漢到眾齋主那裡去應供。只有阿難，之前受到其他邀請，已經遠遊還沒回來，趕不上這次齋僧分配。阿難既沒有上座比丘也沒有戒律師陪同，途中一人單獨回來，當天沒有分配到供養邀請。這時阿難拿著乞食鉢器，在城內依照行走順序一家一家乞食。佛陀規定一天只行乞七家，阿難心中希望能找到當天最後的布施者來做為齋主，不管布施食物是潔淨或是汙穢，也不論布施主身份是尊貴剎利種姓或是低賤的旃陀羅。他都一視同仁，平等慈悲行乞，不會刻意選擇，以平等心意來圓滿成就一切眾生無量功德。阿難知道佛陀曾經責備須菩提和大迦葉等等阿羅漢，行乞時心不平等，刻意選擇富有或貧賤的人乞食。阿難欽佩仰慕佛陀教誨，也要開展發揚平等無分別的做法，度化種種對佛陀教法的懷疑毀謗。阿難經過城樓，慢慢向城內門戶走去，莊嚴的整肅了自己的威儀，肅穆恭敬的行持應供齋法。當

時阿難一家一家順序乞食，經過一處婬樂住所，遭受大幻術迷惑，被一個叫摩登伽的女子用婆毗迦羅先梵天咒，迷惑到婬床之上，用婬行撫摸阿難，將要毀壞阿難的戒體。

如來知波婬術所加，齋畢旋歸。王及大臣長者居士，俱來隨佛，願聞法要。於時，世尊頂放百寶無畏光明，光中出生千葉寶蓮，有佛化身結跏趺坐，宣說神咒。敕文殊師利將咒注護。惡咒消滅，提獎阿難及摩登伽歸來佛所。阿難見佛，頂禮悲泣，恨無始來一向多聞，未全道力。殷勤啟請十方如來，得成菩提，妙奢摩他，三摩，禪那，最初方便。於時，復有恒沙菩薩及諸十方大阿羅漢，辟支佛等俱願樂聞，退坐默然，承受聖旨。

佛陀已經知道阿難遭受摩登伽婬術的迷惑，用齋完畢立刻回精舍。波斯匿王、大臣、長者和居士等等，都跟隨佛陀，想要聽聞佛法。這時佛陀從頭頂上放出如千百寶石光芒，光中化現千葉寶蓮，蓮花中有佛化身，結跏趺坐，口中宣說神咒。佛陀囑命文殊師利菩薩持此咒前往救護阿難，滅息摩登伽女惡咒

魔力，將阿難和摩登伽帶回佛陀住所。阿難見到佛
陀，頂禮悲泣，痛恨自己久遠以來，一味修行多聞，
未成就圓滿道業。因此殷切祈請佛陀宣說，十方如
來如何修持才得正果。透過修習止、觀或止觀等持
種種方法，最初開始修行的方便法門。當時還有恆
河沙數量的菩薩和來自十方的大阿羅漢、辟支佛等
等，都祈願聆聽佛陀宣說佛法，各自退回本座默然
靜聽，恭敬領受佛陀開示。

爾時，世尊在大眾中舒金色臂摩阿難頂，告示阿
難及諸大眾：有三摩提，名大佛頂首楞嚴王，具
足萬行十方如來，一門超出妙莊嚴路。汝今諦聽。
阿難頂禮，伏受慈旨。

這時佛陀在大眾中，伸出紫磨金色的手臂，撫摩阿
難頭頂，告訴阿難和講堂大眾：有一種正定，叫做
大佛頂首楞嚴王，具足一切修行法門，十方如來都
是由此法門超生死成就菩提莊嚴。你們現在仔細聆
聽。阿難頂禮佛陀，伏拜領受佛陀慈悲開示。

佛告阿難：汝我同氣，情均天倫。當初發心，於

我法中見何勝相，頓捨世間深重恩愛？阿難白佛：我見如來三十二相勝妙殊絕，形體映澈猶如琉璃。常自思惟，此相非是欲愛所生。何以故？欲氣麤濁，腥臊交遘，膿血雜亂，不能發生勝淨妙明紫金光聚。是以渴仰，從佛剃落。佛言：善哉！阿難。汝等當知，一切眾生從無始來，生死相續，皆由不知常住真心性淨明體，用諸妄想。此想不真，故有輪轉。汝今欲研無上菩提，真發明性。應當直心詶我所問。十方如來同一道故，出離生死，皆以直心。心言直故，如是乃至終始地位，中間永無諸委曲相。

佛陀告訴阿難：你我是堂兄弟，倫理上情同手足。你當初發心修行，在我的法理中，見到什麼殊勝形象，讓你頓時捨棄世間深重恩愛情感？阿難告訴佛陀：我見到佛陀三十二種莊嚴形象，無比殊勝，身體清澈透明好像琉璃。我常常思量，這種莊嚴形象不是世間男女欲愛所生出的，為什麼呢？人類慾望習氣粗濁，肉體腥臭交合，膿血雜亂，不可能生出這樣殊勝清淨玄妙明亮紫金光色聚集的身體。所以渴望景仰，跟隨佛陀剃度出家。佛陀說：很好！阿

難！你們應該知道一切眾生，從無始以來，生生死死相續不斷，都是因為不知道自己常住真心自性清淨光明本體！習慣以妄想生活度日，這些妄想都不是真實的，所以眾生才有輪迴流轉。你今天想要研求成佛之道來發現光明自性，就應該直心回答我的問題。十方世界諸佛都是同一個方法，解脫生死，都是保持直心。心口如一，這樣一直到最後成佛，中間完全沒有任何曲折失真現象。

阿難，我今問汝。當汝發心，緣於如來三十二相，將何所見？誰為愛樂？阿難白佛言：世尊，如是愛樂，用我心目，由目觀見如來勝相，心生愛樂。故我發心，願捨生死。佛告阿難：如汝所說，真所愛樂，因於心目。若不識知心目所在，則不能得降伏塵勞。譬如國王為賊所侵，發兵討除，是兵要當知賊所在。使汝流轉，心目為咎。吾今問汝，唯心與目今何所在？

阿難，我現在問你，當你因為看見如來三十二相而發菩提心，是用什麼看見的？是誰對三十二相產生愛慕喜樂的？阿難告訴佛陀：世尊！這個愛樂，是

用我的心和我的眼睛，由眼睛看見世尊殊勝三十二相，心中產生愛慕喜樂。所以我就發菩提心，許願捨棄生死流轉。佛陀告訴阿難：像你所說，你真心發出愛慕喜樂，是因為你的心和眼睛。如果不知道心和眼睛的所在，就不能夠降伏六塵煩惱。譬如一個國家，被盜賊所侵犯，要發兵討伐滅除盜賊。這些官兵要知道盜賊所在之地。現在讓你流轉生死輪迴，就是因為你的心和眼睛造成的。我現在問你，你的心和眼睛，現在在什麼地方？

阿難白佛言：世尊！一切世間十種異生，同將識心居在身內。縱觀如來青蓮華眼，亦在佛面。我今觀此浮根四塵，祇在我面。如是識心，實居身內。佛告阿難：汝今現坐如來講堂，觀祇陀林今何所在？世尊，此大重閣清淨講堂在給孤園，今祇陀林實在堂外。阿難，汝今堂中先何所見？世尊，我在堂中，先見如來，次觀大眾。如是外望，方矚林園。阿難，汝矚林園，因何有見？世尊，此大講堂，戶牖開豁，故我在堂得遠瞻見。佛告阿難：如汝所言，身在講堂，戶牖開豁，遠矚林園。亦有眾生在此堂中，不見如來，見堂外者？

阿難答言：世尊，在堂不見如來，能見林泉，無
有是處。阿難，汝亦如是。汝之心靈，一切明了。
若汝現前所明了心，實在身內，爾時先合了知內
身。頗有眾生先見身中，後觀外物。縱不能見心
肝脾胃，爪生髮長，筋轉脈搖，誠合明了，如何
不知？必不內知，云何知外？是故應知，汝言覺
了能知之心，住在身內。無有是處。

阿難告訴佛陀說：世尊！一切世間的十種眾生，都
是把能識別的心放在身體內，觀察世尊的青蓮花
眼，也是長在世尊臉上。我現在觀察浮於臉外的眼、
耳、鼻、舌等根器，是在我的臉上。就像這樣的觀
察一樣，能識別的心實際是在身體內部的。佛陀告
訴阿難：你現在坐在如來講堂，你看看祇陀林現在
在哪裡？阿難回答：世尊，這座重閣疊樓的清淨講
堂，是在給孤獨園內，而祇陀林實際是在講堂外面。
佛陀說：阿難！你在這講堂中，先看見什麼呢？阿
難回答：世尊！我在講堂中先看見佛陀，再來看見
大眾，再往外看去，才看見祇陀林園。佛陀說：阿
難！你看見林園，是為什麼可以看見的呢？阿難回
答：這大講堂門窗寬闊敞開，所以我在講堂內可以

看見林園。佛陀告訴阿難：如你所說，身體在講堂，門窗敞開，就可以遠遠看見外面的林園。是否有眾生在這個講堂中看不見我如來，但是可以看見講堂外的事物呢？阿難回答：世尊！在講堂內看不見世尊，卻可以看見外面的林園泉水，沒有這個道理。佛陀說：阿難！你的狀況也是一樣，你的心識明白一切，如果你能夠識別的心確實在你身體內，那麼識別心應該先知道身體內部的一切，但是有哪個眾生是先看見自己身體內部一切，再看見外面的事物呢？縱使不能見到自己的心肝脾胃等，那麼指甲生出、頭髮變長、肌肉動轉和脈搏跳動，總應該清楚明白了吧！為什麼不知道呢？連身體內的狀況都不知道，怎麼能知道身體外的事物呢？所以應該知道，你說能知能覺的心，在身體內部是不對的。

阿難稽首而白佛言：我聞如來如是法音，悟知我心實居身外。所以者何？譬如燈光然於室中，是燈必能先照室內，從其室門後及庭際。一切眾生不見身中，獨見身外，亦如燈光居在室外，不能照室。是義必明，將無所惑。同佛了義，得無妄耶？佛告阿難：是諸比丘，適來從我室羅筏城循

乞摶食，歸祇陀林。我已宿齋，沒觀比丘，一人
食時，諸人飽不？阿難答言：不也，世尊。何以
故？是諸比丘，雖阿羅漢，軀命不同。云何一人
能令眾飽？佛告阿難：若沒覺了知見之心，實在
身外，身心相外，自不相干。則心所知，身不能
覺。覺在身際，心不能知。我今示沒兜羅綿手，
沒眼見時，心分別不？阿難答言：如是，世尊。
佛告阿難：若相知者，云何在外？是故應知，沒
言覺了能知之心，住在身外，無有是處。

阿難跪拜頂禮告訴佛陀：我聽聞世尊這樣的教導
後，領悟到我的識心其實是在身體外面。為什麼呢？
譬如燈在室內點亮，燈光一定先照耀室內，再照到
房門，然後照到門外庭院。一切眾生，不能看見身
體內景象，只看見身體外事物，就好像燈光一樣，
是在房子的外面，不能照到房子裡面。這個意義很
明確，毫無疑惑，和世尊說的道理一樣究竟毫無虛
妄。佛陀告訴阿難：你看這些比丘，剛剛和我從室
羅筏城挨家挨戶按順序乞食，回到祇陀林，我已經
吃飽了。你看這些比丘，如果一人進食，其他的人
會吃飽嗎？阿難回答：不會的，世尊！為什麼呢？

這些比丘，雖然都是阿羅漢，但是每個人的色身性命都不同。怎麼可能一個人進食會讓全部比丘吃飽呢？佛陀告訴阿難：如果你的識心，實際在身體外面，你的身體和你的識心互相在對方的外面，自然互不相干。識心所知道的事情，身體不能察覺。身體的感覺，識心無法知道。我現在出示讓你看我的兜羅綿手，你的眼睛看見我的手時，內心能夠識別嗎？阿難回答說：可以，世尊！佛陀告訴阿難：如果眼睛和識心可以互相覺知，怎麼可以說識心在身體外面呢？所以應該知道，你說覺了能知之心，在身體外面，是不正確的。

阿難白佛言：世尊，如佛所言，不見內故，不居身內。身心相知，不相離故，不在身外。我今思惟，知在一處。佛言：處今何在？阿難言：此了知心，既不知內，而能見外，如我思忖，潛伏根裏。猶如有人，取琉璃碗，合其兩眼。雖有物合，而不留礙。彼根隨見，隨即分別。然我覺了能知之心，不見內者為在根故。分明矚外無障礙者，潛根內故。佛告阿難：如汝所言，潛根內者猶如琉璃，彼人當以琉璃籠眼。當見山河，見琉璃不？

如是，世尊。是人當以琉璃籠眼，實見琉璃。佛
告阿難：汝心若同琉璃合者，當見山河，何不見
眼？若見眼者，眼即同境，不得成隨。若不能見，
云何說言，此了知心潛在根內，如琉璃合？是故
應知，汝言覺了能知之心，潛伏根裏，如琉璃合，
無有是處。

阿難告訴佛陀說：世尊！如您所說，見不到身體內
事物，所以心不在身體內。身體和心能相互感應，
不能分離，所以心不在身體外面。我現在思考，知
道心在那個地方了。佛陀說：心現在在哪裡呢？阿
難說：這個能了知分別的心，不知道身體內狀況，
但是能見到身體外的事物。我思考的，是這個心潛
伏在眼根裡面。好像有人拿玻璃罩蓋在兩眼上面，
雖然有物質蓋住雙眼，但是不形成障礙，眼根看見
什麼，識心就可以馬上分辨所見是什麼。這個能知
覺的心，不能看見身體內部，是因為潛伏在眼根裡
的緣故。能夠清楚看見身體外面的事物沒有阻礙，
也是因為識心潛伏在眼根裡的緣故。佛陀告訴阿
難：像你所說的，識心潛伏在眼根裡，好像玻璃罩
一樣，這個人用玻璃罩蓋著眼睛，應當可以看見山

河大地，那麼他能不能看見玻璃罩呢？阿難回答：
是的！世尊！這個人用玻璃罩蓋著眼睛，他應該是
可以看見玻璃罩的。佛陀告訴阿難：你的心如果像
玻璃罩蓋著眼睛一樣，應該可以見到外面的山河大
地，為什麼你的心看不到自己的眼睛呢？如果心可
以見到自己的眼睛，那麼眼睛就是心所看見的景
象，眼睛就變成了外境景象，就不能說識心隨著眼
睛起分別作用了。如果你的心不能見到自己的眼
睛，那怎麼能說識心潛伏在眼根裡面，像玻璃罩蓋
著眼睛一樣呢？因此你應該知道，你說的能了知心
潛伏在眼根裡，像玻璃罩蓋著眼睛一樣，這個說法
是不對的。

阿難白佛言：世尊，我今又作如是思惟。是眾生
身，腑藏在中，竅穴居外。有藏則暗，有竅則明。
今我對佛，開眼見明，名為見外。閉眼見暗，名
為見內。是義云何？佛告阿難：汝當閉眼見暗之
時，此暗境界，為與眼對？為不對眼？若與眼對，
暗在眼前，云何成內？若成內者，居暗室中，無
日月燈，此室暗中，皆汝焦腑。若不對者，云何
成見？若離外見，內對所成。合眼見暗，名為身

中。開眼見明，何不見面？若不見面，內對不成。
見面若成，此了知心及與眼根，乃在虛空，何成
在內？若在虛空，自非汝體，即應如來今見汝面，
亦是汝身。汝眼已知，身合非覺，必汝執言身，
眼兩覺，應有二知。即汝一身，應成兩佛。是故
應知，汝言見暗，名見內者，無有是處。

阿難告訴佛陀說：世尊！我現在又有這樣的想法。
眾生的身體，五臟六腑在體內，眼耳鼻口顯露在外。
藏在身體內是黑暗的，顯露在身體外是光明的。現
在我面對著世尊，睜開眼睛看見光明，就是看見外
境，閉上眼睛看見黑暗，就是看見內臟，這個道理
對不對呢？佛陀告訴阿難：當你閉眼看見黑暗時，
這個黑暗的現象，是和你眼睛相對，還是不相對呢？
如果黑暗的現象是和眼睛相對的，那麼這個黑暗的
景象，就是在眼睛的前面，又怎麼會是你的內臟呢？
如果黑暗現象是你的內臟，那麼你在暗室中，沒有
亮光時，全室內的黑暗，不就都成了你的內臟了嗎？
如果黑暗現象不是和眼睛相對，那麼眼睛如何看見
黑暗呢？如果離開外面所見，能看見向內對應所成
影像。閉上眼睛看見黑暗，把黑暗當成是向內對應

身體內部影像，那麼睜開眼睛看見光明，爲什麼不能向內看見自己的面孔呢？如果看不見自己的面孔，表示不能看見向內對應影像，那麼向內看見內臟的說法就不能成立。如果眼睛往外可以向內看見自己的面孔，那麼識心和眼睛的位置一定在空中，不在身體內，自然就不是你的身體了。而如來我現在看見了你的面孔，我不就也成了你的身體嗎？而你的眼睛在空中看見黑暗，分開的身體有覺知到黑暗嗎？如果你硬要說身體和眼睛都有感覺，那麼你應該有兩個能知覺的識心，所以你一個身體就能成就兩個佛了？所以應當知道，你說閉眼看見黑暗就是看見身體內部，這個說法是不對的！

阿難言：我嘗聞佛開示四衆，由心生故，種種法生。由法生故，種種心生。我今思惟，即思惟體，實我心性。隨所合處，心則隨有。亦非內，外，中間三處。佛告阿難：汝今說言，由法生故，種種心生，隨所合處，心隨有者，是心無體，則無所合。若無有體而能合者，則十九界因七塵合。是義不然。若有體者，如汝以手自挃其體，汝所知心，爲復內出？爲從外入？若復內出，還見身

中。若從外來，先合見面。阿難言：見是其眼，心知非眼，為見非義。佛言：若眼能見，汝在室中，門能見不？則諸已死，尚有眼存，應皆見物。若見物者，云何名死？阿難，又汝覺了能知之心，若必有體，為復一體？為有多體？今在汝身，為復遍體？為不遍體？若一體者，則汝以手挃一支時，四支應覺。若咸覺者，挃應無在。若挃有所，則汝一體自不能成。若多體者，則成多人，何體為汝？若遍體者，同前所挃。若不遍者，當汝觸頭，亦觸其足。頭有所覺，足應無知。今汝不然，是故應知，隨所合處，心則隨有，無有是處。

阿難說：我曾經聽到世尊開示比丘、比丘尼、優婆塞（男居士）、優婆夷（女居士）四眾，因為眾生起心動念，產生了種種法理事物，又因為種種法理事物產生，讓眾生又起了種種心念。我現在思考，這個思想的本身其實就是我的心性。思想和外境因緣和合的地方，心就產生了。所以心不是在色身內、外、中間這三個地方。佛陀告訴阿難：你現在說，由於種種法理現象，導致種種心念隨之而生，心思和外境因緣和合之處，就是心之所在。如果你的心

沒有實體，就無法和任何事物和合。如果沒有實體卻可以和外物相和合，那豈不是出現第七種塵合成十九種界的荒謬現象，這個道理是不對的。如果你能知覺的心是有實體的，那麼當你用手觸碰自己的身體時，你的識心就有知覺，這個感覺是由身體內部發出來，還是從身體外部往內來覺知呢？如果識心是由身體內部往外來覺知，它應該先感受到身體內部，如果識心是由身體外部向內感知，那它應該先感受到你身體的表面。阿難說：看東西是眼睛的作用，但是感覺並非眼睛的作用，說心可以看見是不對的。佛陀說：如果眼睛可以看見，那麼你坐在房間裡，可以看見房間的門嗎？那些死掉的人，也有眼睛，應該可以看見東西。如果死人可以看見東西，為什麼要稱呼他們是死人呢？阿難，你能知能覺的心，如果真的有實體，是只有一個，還是有很多個實體呢？心在你的身體，是遍佈全身，還是沒有遍佈全身呢？如果心只有一個實體，當你用手碰一個肢體時，全部四肢應該有感覺。如果全部肢體都有感覺，那麼觸碰身體哪裡的效果都是一樣，碰觸沒有意義。所以心只有一個實體的假設是不能成立的。如果心有很多個實體，則身體也變成很多個，

哪一個身體才是你呢？如果心是遍滿身體，同前所說，觸碰一處，全處感應，是不對的。如果心不是遍滿身體，當你觸碰頭，也觸碰腳，頭有感覺，腳沒有感覺，這是不可能的。所以應該知道，心思和外境因緣和合的地方會產生識心，這個理論是不對的。

阿難白佛言：世尊，我亦聞佛與文殊等諸法王子談實相時，世尊亦言，心不在內，亦不在外。如我思惟，內無所見，外不相知。內無知故，在內不成。身心相知，在外非義。今相知故，復內無見，當在中間。佛言：汝言中間，中必不迷，非無所在。今汝推中，中何為在？為復在處？為當在身？若在身者，在邊非中，在中同內。若在處者，為有所表？為無所表？無表同無，表則無定。何以故？如人以表，表為中時，東看則西，南觀成北。表體既混，心應雜亂。阿難言：我所說中，非此二種。如世尊言，眼色為緣，生於眼識。眼有分別，色塵無知。識生其中，則為心在。佛言：汝心若在根塵之中，此之心體，為復兼二？為不兼二？若兼二者，物體雜亂。物非體知，成敵兩

立，云何爲中？兼二不成，非知不知，即無體性，
中何爲相？是故應知，當在中間，無有是處。

阿難告訴佛陀說：世尊，我也曾聽聞您和文殊師利
諸位法王子，談論諸法實相，世尊也說，心不在體
內，也不在體外。我現在思考，心若在內卻見不到
內臟，心若在外又不能身心相知。如果在體內卻見
不到臟腑，所以心不在體內。因爲身心可以相互知
覺，所以心在體外是不對的。現在身心能夠相互知
覺，但是又見不到體內臟腑，所以心應該在中間吧？
佛陀說：你說心在中間，中間一定是清楚具體的地
方，有它固定的所在。現在你推論心在中間，中間
是在哪裡呢？是在某一個地方，還是在你的身體上
呢？如果在身體上，在表面不能說是中間，在身體
中間，那就是在體內了。如果是在某一個地方，那
這個地方能夠標示出來，還是不能標示出來？如果
你不能標示出來，就表示沒有這樣一個地方。要是
能夠標示出來，那麼這個標示的地方不會是一個絕
對固定的地方，爲什麼呢？如果有人把某個地方標
示爲中間時，由東方看過去它就是西方，從南方看
過去它就是北方，這個可標示的地方相對混亂不

42

清，心的位置也就雜亂難定了。阿難說：我所說的中間，不是這兩個意思。如世尊曾經說過，能見的眼根和所見的色相互為因緣，進而產生眼識。眼根能分別所見外相，外塵色相沒有知覺，眼識就產生於眼根接觸外塵的過程中，眼識就是我所謂的中間，這就是心的所在。佛陀說：你的心如果是在眼根和外塵中間，那麼你所說的心體，是兼具眼根和外塵二者呢？還是不兼具呢？如果識心包含二者，那麼就形成雜亂了。外塵無知，眼根能分別覺知，二者性質不同，怎麼能當成中間呢？心如果不兼具二者，既沒有眼根的能知，也沒有外塵的無知，那麼心就沒有了，連心都沒有，你所說的中間又在哪裡呢？所以你應該知道，心在中間這個道理是不對的。

阿難白佛言：世尊，我昔見佛與大目連，湏菩提，富樓那，舍利弗四大弟子共轉法輪。常言覺知分別心性，既不在內，亦不在外，不在中間，俱無所在，一切無著，名之為心。則我無著，名為心不？佛告阿難：汝言覺知分別心性，俱無在者，世間虛空水陸飛行，諸所物象，名為一切。汝不

著者，爲在爲無？無則同於龜毛兔角，云何不著？
有不著者，不可名無。無相則無，非無即相。相
有則在，云何無著？是故應知，一切無著，名覺
知心，無有是處。

阿難告訴佛陀說：世尊！我從前看見您與大目犍
連、須菩提、富樓那、舍利弗四大弟子一起宣說佛
法時，常常說可以覺知分別事物的心，既不在內，
也不在外，更不在中間，不在任何地方，一切都沒
有著落，就叫做心。那我一切都不執著，這是不是
叫做心呢？佛陀告訴阿難：你說能夠覺知分別的心
性，不在一切地方。那麼世間虛空水中陸上空中種
種萬物，這些所有的物象叫做一切。你說的你的心
對一切不執著，這個心是有還是無呢？如果說無，
心就好像龜毛兔角不存在，本來就沒有這個東西，
爲什麼說不執著呢？如果心是不執著，就不能說它
沒有。沒有任何形態形相才是空無沒有，如果不是
空無就一定有形相，有任何形相就一定有存在，心
能覺知分別萬相，怎麼能夠說不執著？所以應當知
道，不執著一切事物就是覺知心，這是不對的。

爾時，阿難在大衆中即從座起，偏袒右肩，右膝著地，合掌恭敬而白佛言：我是如來最小之弟，蒙佛慈愛。雖今出家，猶恃憍憐。所以多聞未得無漏，不能折伏娑毗羅咒，為彼所轉，溺於婬舍，當由不知真際所詣。惟願世尊，大慈哀愍，開示我等奢摩他路，令諸闡提，隳彌戾車。作是語已，五體投地，及諸大衆，傾渴翹佇，欽聞示誨。

這時阿難，在大衆中，從座位起來，露出右肩，右膝跪地，合掌恭敬對佛陀說：我是世尊最小的堂弟，承蒙世尊慈悲眷顧，雖然現在已經出家，仍然依賴著世尊的憐愛而驕慢。雖然多聞但是還沒有證得無漏境界，不能降伏娑毗羅魔咒，被邪咒所控制，陷溺在婬舍差點毀掉戒體。這應該是因為不了解真常本心所造成的。祈願世尊發大慈悲心，哀愍衆生，開示我等衆人修習正定方法，也令沒有善根的衆生，消除邪知邪見。阿難說完這些話後，向佛陀行五體投地大禮，和法會大衆，專心仰望佛陀，恭敬聆聽佛陀開示教誨。

爾時，世尊從其面門放種種光。其光晃耀，如百

千日。普佛世界六種震動，如是十方微塵國土，一時開現，佛之威神，令諸世界合成一界。其世界中所有一切諸大菩薩，皆住本國，合掌承聽。

這時佛陀，從他的臉上放出種種顏色光芒，這些光芒明亮照耀就像千百個太陽。諸佛的國土都產生六種震動，像這樣在十方世界有微塵數那麼多的國土剎那間顯現出來，佛陀的威力神通下，將種種世界，合成一個。這個世界中所有的大菩薩，都在自已的國土上，雙手合掌虔誠聆聽佛陀教誨。

佛告阿難：一切眾生，從無始來，種種顛倒，業種自然，如惡叉聚。諸修行人，不能得成無上菩提，乃至別成聲聞緣覺，及成外道，諸天魔王及魔眷屬，皆由不知二種根本錯亂修習，猶如煮沙欲成嘉饌，縱經塵劫終不能得。

佛陀告訴阿難：一切眾生，從無始久遠以來迷失本心，習慣種種顛倒錯誤的觀念，自然而然造下種種惡業，形成痛苦煩惱，好像惡叉樹的果實越聚越多。修行尋求解脫的人，不能成就無上正等正覺，而分

別成爲聲聞、緣覺，甚至成爲外道、諸天魔王以及魔子魔孫。這都是因爲不知道兩種根本，錯誤混亂修行。好像用鍋子煮沙石，想要成爲美食，縱使經過塵沙劫那麼久時間，還是不能成就。

云何二種？阿難，一者，無始生死根本。則汝今者，與諸衆生用攀緣心爲自性者。二者，無始菩提涅槃元清淨體。則汝今者，識精元明能生諸緣，緣所遺者。由諸衆生，遺此本明，雖終日行而不自覺，枉入諸趣。

是哪兩種根本呢？阿難！第一種是無始以來的生死根本，就是你現在和一般衆生，把追逐外境，抓取不捨的攀緣心，當成是自己的眞常自心。第二種是無始以來人人本有菩提涅槃清淨本體，就是你現今含妄第八識之精明本體，原來是光明本覺，這個第八識能生見分能緣和相分所緣，而見分能緣和相分所緣所遺漏的、緣不到的部分就是光明識精。能緣和所緣讓衆生產生妄想分別執著，讓衆生遺忘這個原有妙明本心。雖然終日應用本心，卻無法自已察覺到本心，以至於認假爲眞，枉受六道輪迴之苦！

阿難，汝今欲知奢摩他路，願出生死。今復問汝。
即時如來舉金色臂，屈五輪指，語阿難言：汝今
見不？阿難言：見。佛言：汝何所見？阿難言：
我見如來舉臂屈指，為光明拳，耀我心目。佛言：
汝將誰見。阿難言：我與大眾同將眼見。佛告阿
難：汝今答我，如來屈指為光明拳，耀汝心目，
汝目可見，以何為心，當我拳耀？阿難言：如來
現今徵心所在，而我以心推窮尋逐，即能推者，
我將為心。佛言：咄！阿難，此非汝心。阿難矍
然，避座合掌，起立白佛：此非我心，當名何等？
佛告阿難：此是前塵虛妄相想，惑汝真性。由汝
無始至於今生，認賊為子，失汝元常，故受輪轉。

阿難，你今天要想知道修習正定的道路，願意出離
生死苦海，我現在問你。這時佛陀舉起金色的手臂，
屈指握拳，問阿難說：你現在看見了嗎？阿難說：
看見了。佛陀說：你看見什麼呢？阿難說：我看見
世尊舉起手臂，屈指握光明拳，照耀著我的心和眼
睛。佛陀說：你用什麼看見的？阿難說：我和大家
一樣，都是用眼睛看見的。佛陀對阿難說：你現在
回答我說，我屈指為光明拳，照耀著你的心和眼睛，

你的眼睛可以看見，那麼你用什麼作為心來接受我光明拳的照耀呢？阿難說：世尊現在詢問心在哪裡，而我用心仔細推敲尋找，這個能夠思考推求尋找的，就是我的心。佛陀斥責說：不對！阿難！這不是你的心！阿難驚慌失措，離開座位上站起來，雙手合掌對佛陀說：這不是我的心，那它是什麼呢？佛陀告訴阿難：這個是你對現前塵境塵影虛妄業相攀緣分別而生的推想，它迷惑了你真正的心性，讓你從無始以來直到今天，以假為真，迷失你原本常住真心，所以受到生死輪迴之苦。

阿難白佛言：世尊，我佛寵弟，心愛佛故，令我出家。我心何獨供養如來，乃至遍歷恆沙國土，承事諸佛及善知識，發大勇猛，行諸一切難行法事，皆用此心。縱令謗法，永退善根，亦因此心。若此發明不是心者，我乃無心，同諸土木，離此覺知，更無所有。云何如來說此非心？我實驚怖，兼此大眾，無不疑惑。惟垂大悲，開示未悟。

阿難告訴佛陀：世尊，我是您寵愛的堂弟，因為愛慕世尊三十二相好，使我發心出家。我的心不只是

供養世尊而已，也讓我經歷恒河沙數量那麼多的國土，承擔奉事諸佛和善知識，讓我發大勇猛心，執行一切困難的法事，都是用這個心。即使會毀謗佛法，永遠退失善根，也是因爲這個心。如果這個不是我的心，那我就是無心好像是土石木頭一樣了，離開這個能知覺的心，更沒有其他的心。爲什麼世尊說這個不是心。讓我實在覺得驚訝畏怖，同樣在這個法會的大眾，也都感到疑惑。祈願世尊垂憐，發大悲心，開示我們這些未覺悟的眾生。

爾時，世尊開示阿難及諸大眾，欲令心入無生法忍。於師子座摩阿難頂而告之言：如來常說諸法所生，唯心所現。一切因果，世界微塵，因心成體。阿難，若諸世界一切所有，其中乃至草葉縷結，詰其根元，咸有體性。縱令虛空，亦有名貌，何況清淨妙淨明心性，一切心而自無體！若汝執吝，分別覺觀所了知性，必爲心者，此心即應離諸一切色香味觸諸塵事業別有全性。如汝今者，承聽我法，此則因聲而有分別。縱滅一切見聞覺知，內守幽閒，猶爲法塵分別影事。

這時佛陀為了開示阿難和法會大眾，希望讓眾人都能悟入不生滅的無生法忍境界。於是在獅子座上，撫摩阿難的頭頂而對他說：我常說萬法事物現象的產生，都是自心所顯現。一切因果法則，大至整個世界小到一粒微塵，都是因為心而形成體相。阿難！所有世界的一切所有事物，包含最小的一草一葉一縷一結，如果追究它的根源，都有它們各自的體性。即使是虛空，也有虛空的名字和相貌。何況是清淨妙明本心，能夠生起一切萬法的真心，怎麼可能沒有自己的本體呢？如果你一定要堅持認為，用來分別知覺觀察了知的這個性能，就是你的真心。那麼這個真心離開了色香味觸等等外塵境界，一定有自己個別獨立完整的本性存在。好像你現在聽我說法，因為聽見聲音後，你因為聲音才產生了分別的意識。縱使你滅去所有見聞覺知外境，內在只守著幽閒空無境界，這個還是屬於法塵分別影事，第六識獨頭意識能獨起攀緣法塵，分別前五塵以前落在阿賴耶識裡面的留影。

我非敕汝執為非心，但汝於心，微細揣摩。若離前塵有分別性，即真汝心。若分別性，離塵無體，

斯則前塵分別影事。塵非常住，若變滅時，此心則同龜毛兔角，則汝法身同於斷滅，其誰修證無生法忍？即時，阿難與諸大衆，默然自失。佛告阿難：世間一切諸修學人，現前雖成九次第定，不得漏盡成阿羅漢，皆由執此生死妄想，誤為真實。是故，汝今雖得多聞不成聖果。

我不是強令你認知這個不是你的真心。但是你對這個心，應該要仔細揣摩觀察。如果離開塵境塵影，仍然有分別能力，這就是你的真心。如果這個分別能力，離開了六塵就沒有體性，這個就只是分別塵境塵影的能力而已。六塵不是常在的，如果六塵消滅，這個心就等同龜毛兔角一樣不可得，那麼你的自性法身也就同時斷滅了，是誰來修證不生滅的真理呢？這時阿難和法會大衆，沉默無語，悵然若失！佛陀告訴阿難：世間一切的修行衆人，有的雖然能夠成就最高禪定九次第定，但是不能證得漏盡阿羅漢，都是由於執著這個生死妄想的心，誤以為是真實心的緣故，你也是因為這樣，雖然廣學多聞，但是無法成就聖果。

阿難聞已，重復悲淚，五體投地，長跪合掌而白佛言：自我從佛發心出家，恃佛威神，常自思惟，無勞我修將謂如來惠我三昧。不知身心本不相代，失我本心。雖身出家，心不入道。譬如窮子，捨父逃逝，今日乃知雖有多聞，若不修行，與不聞等。如人說食，終不能飽。世尊，我等今者，二障所纏，良由不知寂常心性。惟願如來，哀愍窮露，發妙明心，開我道眼。

阿難聽了以後，再次悲傷流出眼淚，五體投地，長跪合掌對佛陀說：自從我發心追隨世尊出家以來，倚靠世尊的威德神通。常常自己認為，我不用辛苦修行，將來世尊一定會把正定成就賞賜給我，我不知道每個人的身心不能互相替代。迷失我本有真心，雖然身體已經出家，但是內心沒有契入真道。好像一個窮孩子，捨棄富有的父親逃到外地乞討一樣。今天才知道雖然廣學多聞很多法理，但是沒有依教修行，和沒聽過法理是一樣的效果。好像一個人嘴上說大吃大喝，但終究不能把肚子填飽。世尊！我等法會大眾被煩惱障和所知障所繫縛，實在是因為不知道自心本性原本空寂常住。祈願世尊哀愍垂

憐，爲我們指引妙明圓覺本心，開啓我們見道之眼。

即時，如來從胸卍字涌出寶光，其光晃昱有百千色。十方微塵，普佛世界，一時周遍，遍灌十方所有寶刹諸如來頂，旋至阿難及諸大眾。告阿難言：吾今爲汝建大法幢，亦令十方一切眾生，獲妙微密性淨明心，得清淨眼。阿難，汝先答我，見光明拳。此拳光明，因何所有？云何成拳？汝將誰見？阿難言：由佛全體閻浮檀金，赩如寶山，清淨所生，故有光明。我實眼觀五輪指端，屈握示人，故有拳相。

這時佛陀從胸口卍字，湧現種種寶光，光明閃耀有百千種顏色，照亮了十方所有如同微塵數量那麼多的諸佛世界，光芒遍灌十方所有世界如來的頭頂，也灌頂阿難和在座大眾。佛陀告訴阿難：我現在爲你建起大法幢，也讓十方一切眾生獲知諸佛微妙密意，契入清淨本性妙明眞心，得清淨法眼。阿難！你先前回答過我，看見我的光明拳。這個拳頭的光明，是因爲什麼而有呢？是怎麼成爲拳頭的形狀？你又是用什麼看見拳頭呢？阿難回答：世尊的身體

發出閻浮檀金光，火紅發光好像寶山，這光芒是由清淨心所生，所以有光明。我實際上用眼睛看見，世尊屈握五指，展示給眾人，所以有拳頭的形相。

佛告阿難：如來今日實言告汝，諸有智者要以譬喻而得開悟。阿難，譬如我拳，若無我手，不成我拳。若無汝眼，不成汝見。以汝眼根，例我拳理，其義均不？阿難言：唯然，世尊。既無我眼，不成我見。以我眼根，例如來拳，事義相類。佛告阿難：汝言相類，是義不然。何以故？如無手人，拳畢竟滅。彼無眼者，非見全無。所以者何？汝試於途，詢問盲人，汝何所見？彼諸盲人必來答汝：我今眼前唯見黑暗，更無他矚。以是義觀，前塵自暗，見何虧損？

佛陀告訴阿難：我今天實際告訴你，有智慧的人，要用譬喻來開悟。阿難！譬如說我的拳頭，如果沒有我的手，就不可能有我的拳頭。如果沒有你的眼睛，你不可能看見。用你的眼根，來比喻我的拳頭，這個意義是一樣的嗎？阿難說：是這樣的！世尊！如果沒有我的眼睛，就不可能看見。所以用我的眼

根來比喻世尊的拳頭，意義上是相似的道理。佛陀告訴阿難：你說意義相近，並不是這樣的！為什麼呢？比如一個沒有手的人，是不可能有拳頭的。但是沒有眼睛的人，就不是什麼都看不見。為什麼呢？你試試看在路上，詢問盲人你看見什麼？那些盲人一定回答你，我現在眼前看見的只是一片黑暗，再也看不見其它東西。以這個道理來觀察，眼前的外境是黑暗的，但是能見的體性哪裡有什麼損傷呢？

阿難言：諸盲眼前，唯睹黑暗，云何成見？佛告阿難：諸盲無眼，唯觀黑暗。與有眼人處於暗室，二黑有別？為無有別？如是，世尊。此暗中人與彼群盲，二黑校量，曾無有異。阿難，若無眼人全見前黑，忽得眼光還於前塵，見種種色，名眼見者。彼暗中人全見前黑，忽獲燈光，亦於前塵見種種色，應名燈見。若燈見者，燈能有見，自不名燈。又則燈觀，何關汝事？是故當知，燈能顯色。如是見者，是眼非燈。眼能顯色，如是見性，是心非眼。阿難雖復得聞是言，與諸大眾，口已默然，心未開悟，猶冀如來慈音宣示，合掌清心，佇佛悲誨。

阿難說：盲人眼前只有看見黑暗，那叫什麼看見呢？佛陀告訴阿難：盲人沒有眼睛，只能夠看見黑暗。和明眼人在暗室中所見的黑暗，兩者是相同還是不相同呢？阿難回答：是相同的！世尊！明眼人在暗室中見到的黑暗和盲人見到的黑暗，二者比較下，是一樣沒有差異的。佛陀說：阿難！若是盲人，看見全是黑暗，忽然眼睛恢復了視力，能看見眼前種種外塵色相，因眼而見，這個叫做眼見。那些處於黑暗中的明眼人，看見全是黑暗，忽然有燈光照亮，能看見眼前種種的外塵色相，因燈而見，那這個是不是該叫做燈見呢？這個因為燈而看見的例子，如果燈本身能看見，自然就不稱為燈了。另外如果燈真的能看見外境事物，關你什麼事呢？所以我們應當知道，燈只是用來顯出外塵色相的工具，能看見色相的是眼睛而不是燈。同樣的，眼睛也是用來觀照顯示外境色相的工具，真正能見能分別的本性，是心而不是眼睛。阿難雖然再次聽聞佛陀詳細譬喻解說，和法會大眾，靜默無聲，心裡還是沒有領悟理解。還是希望佛陀能再次慈悲宣說微妙法義，大眾合掌，以清淨心，等待聽聞佛陀慈悲教誨。

爾時，世尊舒兜羅綿網相光手，開五輪指，誨敕
阿難及諸大衆：我初成道，於鹿園中，為阿若多
五比丘等及汝四衆言：一切衆生，不成菩提及阿
羅漢，皆由客塵煩惱所誤。汝等當時因何開悟，
今成聖果？

這時佛陀舒展如兜羅綿網柔軟相好的手，展開五輪
指，教誨阿難和法會大衆說：我最初成道時，在鹿
野苑中，為阿若多等五比丘及四衆說過。一切衆生，
不能成就無上菩提佛果和阿羅漢果位，都是被外塵
煩惱所耽誤。你們說說看，當初因為什麼原因開悟，
現在能成就聖果。

時憍陳那起立白佛：我今長老，於大衆中獨得解
名，因悟客塵二字成果。世尊，譬如行客投寄旅
亭，或宿或食，食宿事畢，俶裝前途，不遑安住。
若實主人，自無攸往，如是思惟，不住名客，住
名主人。以不住者，名為客義。又如新霽，清暘
升天，光入隙中，發明空中諸有塵相，塵質搖動，
虛空寂然。如是思惟，澄寂名空，搖動名塵。以
搖動者，名為塵義。佛言：如是。

這時憍陳那，站起來向佛陀說：我是最資深的長老，是世尊第一個覺悟的弟子，有「最初解」的特別名稱，這是領悟了客塵這兩個字的成果。世尊！好比旅行遊客，投宿寄住在旅店中，有的住宿有的用餐，吃住完畢後，就整理行李繼續旅程，不會常住下來。如果實際是旅店主人，自然不會離開。依照這樣思惟，不是常住的叫做旅客，常駐旅店的叫做主人。所以不停留，就是客的意義。又好像剛剛下完雨，燦爛的陽光在天上照耀，陽光照入門戶空隙中，在透過門隙的光線中，可以看見空中塵埃飛揚的現象。塵埃在空中飄動，虛空始終寂然不動。這樣思考下，澄淨寂然叫做虛空，飄搖浮動叫做塵埃。所以飄搖浮動是塵的意義。佛陀說：就是這樣。

即時，如來於大眾中屈五輪指，屈已復開，開已又屈。謂阿難言：汝今何見？阿難言：我見如來百寶輪掌，眾中開合。佛告阿難：汝見我手，眾中開合。為是我手有開有合？為復汝見有開有合？阿難言：世尊寶手，眾中開合。我見如來手自開合，非我見性有開有合。佛言：誰動？誰靜？阿難言：佛手不住，而我見性尚無有靜，誰為無

住？佛言：如是。

這時佛陀在大眾中，彎屈五輪指，彎屈後再打開，打開後又彎屈，問阿難說：你現在看見什麼？阿難說：我看見世尊百寶輪相手掌，在大眾面前有開有合。佛陀告訴阿難：你看見我的手，在大眾面前有開有合。是我的手，有開有合？還是你的能見性，有開有合？阿難說：世尊的寶手在大眾前開合。我見到世尊的手自己開合，不是我的能見性有開合。佛陀問：那麼是誰動誰靜呢？阿難說：世尊的手開合不停為動，而我不動的能見性，連靜都沒有，哪裡會有動呢？佛陀說：就是這樣。

如來於是從輪掌中飛一寶光在阿難右，即時阿難迴首右盼。又放一光在阿難左，阿難又則迴首左盼。佛告阿難：汝頭今日何因搖動？阿難言：我見如來出妙寶光，來我左右，故左右觀，頭自搖動。阿難，汝盼佛光，左右動頭，為汝頭動？為復見動？世尊，我頭自動，而我見性尚無有止，誰為搖動？佛言：如是。

佛陀從百寶輪相掌中，飛出一道寶光，朝向阿難右邊，這時阿難轉頭往右邊看。佛陀又放出一道光，朝向阿難左邊，阿難又轉頭往左邊看。佛陀告訴阿難：你的頭現在是什麼原因而左右轉動呢？阿難說：我看見世尊手掌發出寶光到我的左右邊，所以我自然左右觀看，頭部自己左右轉動。佛陀說：阿難，你為了看佛光，左右轉動你的頭，是你的頭在動，還是你的能見性在動呢？阿難說：世尊！是我的頭自己在轉動，而我不動的能見性本來就沒有靜，哪裡有動呢？佛陀說：是的，就是這樣。

於是如來普告大眾：若復眾生，以搖動者名之為塵，以不住者名之為客。汝觀阿難，頭自動搖，見無所動。又汝觀我手自開合，見無舒卷。云何汝今以動為身？以動為境？從始洎終，念念生滅，遺失真性，顛倒行事。性心失真，認物為己。輪迴是中，自取流轉。

於是佛陀告訴法會眾人：大眾可以把變動的事物叫做塵，把不停留的事物叫做客。你們看阿難的頭自己在轉動，他的能見性並沒有動搖。另外你們看我

的手掌自己開合，但是能見性並沒有任何舒張或捲曲。爲何你們現在卻把變動的當做身體，把變動的當成心境。從頭到尾，種種念頭生生滅滅，遺失了不生滅的本心眞性，顚倒行事。覆蓋本性眞心而迷失眞相，把外境當成是自己。輪迴在顚倒相續的妄想中，自己取得流轉不停。

卷二

爾時，阿難及諸大眾，聞佛示誨，身心泰然。念無始來，失卻本心，妄認緣塵，分別影事。今日開悟，如失乳兒，忽遇慈母。合掌禮佛，願聞如來顯出身心真妄虛實，現前生滅與不生滅二發明性。

當時阿難和在場大眾，聽聞佛陀的開示教誨，心開意解，身心泰然。思量著無始以來，迷失了本心，妄認攀緣塵相，用意識心分別塵境塵影。今日聽聞佛陀教誨開悟，好像沒有母乳哺育的嬰兒，忽然遇到了慈母一樣。大眾合掌頂禮佛陀，希望能聽聞佛陀說法，開顯身心的真實與虛妄，明確指出現前生滅和不生滅的兩種體性。

時波斯匿王起立白佛：我昔未承諸佛誨敕，見迦

旃延，毗羅胝子，咸言此身死後斷滅，名為涅槃。我雖值佛，今猶狐疑。云何發揮證知此心不生滅地？今此大眾諸有漏者，咸皆願聞。

這時波斯匿王，起立向佛陀說：我以前沒有承受諸佛教誨，見到迦旃延毗羅胝子時，他告訴我說，人死後不會再生，這樣名叫涅槃。我雖然遇到世尊，現在還是心裡懷疑，要如何證入本心，到達不生滅的果地。現在法會大眾和有煩惱的人，都希望能聽聞世尊開示。

佛告大王：汝身現在。今復問汝，汝此肉身為同金剛常住不朽？為復變壞？世尊，我今此身終從變滅。佛言大王：汝未曾滅，云何知滅？世尊，我此無常變壞之身雖未曾滅，我觀現前，念念遷謝，新新不住。如火成灰，漸漸銷殞，殞亡不息，決知此身，當從滅盡。佛言：如是，大王，汝今生齡已從衰老，顏貌何如童子之時？世尊，我昔孩孺，膚腠潤澤。年至長成，血氣充滿。而今頹齡。迫於衰耄，形色枯悴，精神昏昧，髮白面皺，逮將不久，如何見比充盛之時？

佛陀告訴波斯匿王：你目前的身體，我問你，你這個色身，是和金剛石一樣常住不朽？還是會變老變壞呢？波斯匿王說：世尊，我現在這個肉身，終究會變壞滅亡的。佛陀說：大王你肉身還沒變壞，你怎麼知道肉身會壞滅呢？波斯匿王說：世尊！我這個無常會變壞的肉身雖然還沒滅壞。但是我觀察當下，在念念思惟間，身體不停的代謝造化，新的組織剎那間又被更新的取代，循環不停。就像火燒木頭化成灰燼，漸漸的銷殞直到至滅亡，一刻都沒停過。所以我知道這個身體，最終還是要滅亡消失的。佛陀說：正是如此！大王！你現在的年齡，已經慢慢的衰老，你的容貌哪裡像是青少年時的樣子呢？波斯匿王說：世尊！我從前還是孩子時，皮膚潤澤。成年後，血氣充足。而現在年紀大了，衰老疲勞，氣色憔悴，精神渙散，髮白面皺，可能不久人世，怎麼能和狀況最好的時候相比呢？

佛言大王：汝之形容，應不頓朽。王言：世尊，變化密移，我誠不覺。寒暑遷流，漸至於此。何以故？我年二十，雖號年少，顏貌已老初十歲時。三十之年，又衰二十。於今六十，又過於二，觀

五十時，宛然強壯。世尊，我見密移，雖此殂落，其間流易，且限十年。若復令我微細思惟，其變寧唯一紀二紀，實為年變。豈唯年變。亦兼月化。何直月化？兼又日遷。沈思諦觀，剎那剎那，念念之間，不得停住。故知我身，終從變滅。

佛陀說：大王！你的形體容貌，應該不是馬上就衰敗的吧？波斯匿王說：世尊！這個老化是密集緩慢不間斷的改變，我實在是感覺不到。但是時光流逝，慢慢就變成了現在的樣子。為什麼呢？我在二十歲時，雖然說是少年，但是容貌已經比十歲時衰老了。三十歲時，又比二十歲時衰老了。到了今天我六十二歲了，觀察我五十歲時，比現在要強壯多了。世尊！我觀察這種緩慢密集的變化持續不斷。人類肉身衰敗死亡的過程，其中時間變化，先以十年為一個階段。但是我仔細思考，這個變化哪裡是十年、二十年，實在是年年都在變。不止是年年在變，每個月也在變，何止是月月變化，每天都在變。再仔細觀察思考，每個剎那，念念之間，變化都沒有停止，所以知道我的身體，最後總有一天會衰變滅亡。

66

佛告大王：汝見變化，遷改不停，悟知汝滅。亦於滅時，汝知身中有不滅耶？波斯匿王合掌白佛：我實不知。佛言，我今示汝不生滅性。大王，汝年幾時，見恒河水？王言：我生三歲，慈母攜我謁耆婆天，經過此流，爾時即知是恒河水。佛言大王：如汝所說，二十之時衰於十歲，乃至六十，日月歲時，念念遷變。則汝三歲見此河時，至年十三，其水云何？王言：如三歲時，宛然無異。乃至於今，年六十二，亦無有異。佛言：汝今自傷髮白面皺，其面必定皺於童年。則汝今時觀此恒河，與昔童時觀河之見，有童耄不？王言：不也，世尊。佛言大王：汝面雖皺，而此見精，性未曾皺。皺者為變，不皺非變。變者受滅，彼不變者，元無生滅。云何於中受汝生死？而猶引彼末伽黎等，都言此身死後全滅？王聞是言，信知身後捨生趣生，與諸大眾踊躍歡喜，得未曾有。

佛陀告訴波斯匿王：你看見身體的變化，遷改不停，領悟到肉體一定會滅亡。但是肉體滅亡時，你知道你身體中有不滅的東西嗎？波斯匿王合掌對佛陀說：我實在不知道。佛陀說：我現在開示你不生滅

的自性。大王！你是幾歲見到恒河水的？波斯匿王說：我三歲時，母親帶我去祭拜耆婆天，經過這條河流，那時就知道是恒河。佛陀說：大王！像你所說，二十歲時，比十歲衰老，一直到六十歲，你的身體日日月月年年，念念之間都在變遷代謝。那你三歲見到的恒河，和你十三歲時見到的恒河，有沒有變化呀？波斯匿王說：和三歲時見到的一樣，沒有不同。甚至到現在我六十二歲了，這條恆河也沒有什麼不同。佛陀說：你現在感傷髮白面皺，你的面容一定比童年皺。但是你現在看恒河的能見之性，和你童年時的能見之性相比，有童年和老年的差別嗎？波斯匿王說：沒有差別！世尊！佛陀說：大王！你的面容雖然皺了，但是這個能見之性不曾皺過。起皺是變化，不皺是不變的。變化的有生滅，不變化的本來就沒有生滅，又怎麼會和身體一同滅亡呢？為何還要引用末伽黎等外道的斷滅言論，說人死後一切全然滅盡？波斯匿王聽聞這話，確信這個身體死後是捨棄舊生命，開始新生命。於是和法會大眾，高興喜悅，感受從來沒有過的快樂。

阿難即從座起禮佛，合掌長跪白佛：世尊，若此

見聞，必不生滅，云何世尊名我等輩遺失真性，
顛倒行事？願興慈悲，洗我塵垢。

阿難從座位起身合掌禮佛，再跪著對佛陀說：世尊！
如果這個見聞覺知的本性是不生滅的，為什麼世尊
還斥責我等眾人，迷失真性，顛倒行事呢？祈願世
尊慈悲開示，讓法水洗去我等眾人累積的塵垢。

即時如來垂金色臂，輪手下指，示阿難言：汝今
見我母陀羅手，為正為倒？阿難言：世間眾生以
此為倒，而我不知誰正誰倒。佛告阿難：若世間
人以此為倒，即世間人將何為正？阿難言：如來
豎臂，兜羅綿手上指於空，則名為正。佛即豎臂，
告阿難言：若此顛倒，首尾相換。諸世間人，一
倍瞻視。則知汝身與諸如來清淨法身，比類發明。
如來之身名正遍知，汝等之身號性顛倒。隨汝諦
觀，汝身佛身，稱顛倒者，名字何處，號為顛倒？

這時佛陀垂下金色手臂，千幅輪相手指朝下，對阿
難說：你現在看見我的手，是正的還是倒的呢？阿
難說：世間眾生，都認為這個樣子是倒的，但是我

不知道那個是正？那個是倒？佛陀告訴阿難：如果
世間的人，認為這樣是倒的，那麼世間的人，認為
怎樣是正的呢？阿難說：世尊豎立手臂，讓手朝上
指向空中，這樣就是正的。佛陀就把手臂豎立起來，
告訴阿難說：如果這個就叫做顛倒，不過就是把手
臂和手指的位置互相交換，手的本質沒有變化增
減。但是世間大眾對這個現象，就多了一種不同的
意識看法。依照這樣分析你就了解，你的身體和諸
佛清淨法身，也像這個道理一樣。如來的身體，被
稱為正遍知，而你們的身體，就叫做性顛倒。你仔
細觀察，你的身體和如來的身體相比，被稱為顛倒，
這個顛倒指的是哪裡呢？又為什麼叫做顛倒呢？

於時阿難與諸大眾瞪瞢瞻佛，目睛不瞬，不知身
心顛倒所在。佛興慈悲，哀愍阿難及諸大眾，發
海潮音遍告同會：諸善男子，我常說言，色心諸
緣及心所使諸所緣法，唯心所現。汝身汝心，皆
是妙明真精妙心中所現物。云何汝等，遺失本妙
圓妙明心寶明妙性。認悟中迷？

這時阿難和法會大眾，茫然不懂而瞪眼看著佛陀，

眼睛不眨，不知道身心的顛倒到底在哪裡？佛陀生起大慈悲心，憐憫阿難和法會大眾，便發出海潮般聲音，普告與會大眾：眾善男子！我常常說，一切萬法包含色法十一種，心法八種，諸緣六種，心所使法五十一種，眾所緣法三十種等等，一切萬法都是由妙明眞精妙心所顯現。你的色身和識心，都是妙明眞精妙本心所顯現出來的。爲什麼你們遺失本有圓滿妙明眞心，明徹寂靜本性。反而錯認眞心悟性中的迷妄幻影爲自己身心？

晦昧爲空，空晦暗中，結暗爲色。色雜妄想，想相爲身。聚緣內搖，趣外奔逸，昏擾擾相，以爲心性。一迷爲心，決定惑爲色身之內。不知色身，外洎山河虛空大地，咸是妙明眞心中物。譬如澄清百千大海，棄之唯認一浮漚體，目爲全潮窮盡瀛渤。汝等即是迷中倍人，如我垂手，等無差別，如來說爲可憐愍者。

原本眞心妙明圓融無礙，因爲一念無明妄動遮蔽眞心，產生晦昧，在晦昧虛空中，依無明之力，成能見之妄見，迷妄中再執著攀緣妄想，於是凝結暗相

而產生色相。色相再雜以識心妄想，執著顯相而成
爲色身。聚集種種因緣，由內生出六根觸六塵，隨
識搖動，分別計度，向外攀境散取不停，把這種昏
昏擾擾的識心狀態當作自己的眞心。一旦迷惑誤認
這個昏擾相是自己本心，就認爲本心在自己色身之
內。卻不知道色身和外在山河大地，連同虛空，都
是這個靈妙光明本心所現出的事物。就好像捨棄了
百千個澄清的大海，卻只去認知海面上的一個泡
沫，認爲泡沫就是海洋的全部，包含了大海小海。
你們就是這樣加倍迷惑的人，好像把我下垂的手當
成顚倒一樣誤認，狀況沒有差別·所以我說你們是
可憐哀愍的人。

阿難承佛悲救深誨，垂泣叉手而白佛言：我雖承
佛如是妙音，悟妙明心元所圓滿，常住心地。而
我悟佛現說法音，現以緣心，允所瞻仰，徒獲此
心，未敢認爲本元心地。願佛哀愍，宣示圓音。
拔我疑根，歸無上道。

阿難承受了佛陀慈悲救渡和深切教誨，低頭流淚兩
手合掌對佛陀說：我雖然承蒙世尊開示這些精妙的

72

法理，領悟到妙明眞心，原本是圓滿究竟、常住不
變。但是我現在領悟到世尊宣說的法理，仍然是靠
我的攀緣妄心，瞻仰聽聞，所以也是白白的獲知這
個眞心，不敢確定認爲它就是原本常住眞心。祈願
世尊慈悲憐憫，再宣說圓滿法音，拔除我心中的疑
慮，回歸至高無上的大道。

佛告阿難：汝等尚以緣心聽法，此法亦緣，非得
法性。如人以手，指月示人。彼人因指，當應看
月。若復觀指以爲月體，此人豈唯亡失月輪，亦
亡其指。何以故？以所標指爲明月故。豈唯亡指，
亦復不識明之與暗。何以故？即以指體爲月明
性，明暗二性無所了故。

佛陀告訴阿難：你們用攀緣妄心來聽聞法理，這個
法也是因緣，不是眞的法之本性。譬如有人用手指
著月亮，用來引導讓人參考，尋月人依照手指的方
向引導，應該去看月亮。如果尋月人看著手指以爲
是月亮，這個人不但失去了月亮所在地，也失去了
對手指的正確認知。爲什麼呢？因爲把標示引導用
的手指當成月亮。不但誤解手指，更加上不認得明

和暗二種體性。為什麼呢？因為他把手指的體性，當成月亮的體性。對於月亮的明與暗這二種體性，完全無所瞭解。

沒亦如是，若以分別我說法音為沒心者，此心自應離分別音有分別性。譬如有客，寄宿旅亭，暫止便去，終不常住。而掌亭人都無所去，名為亭主。此亦如是。若真沒心，則無所去。云何離聲無分別性？斯則豈唯聲分別心，分別我容，離諸色相，無分別性。如是乃至分別都無，非色非空。拘舍離等，昧為冥諦。離諸法緣，無分別性。則沒心性，各有所還，云何為主？

你們也是一樣，如果你們認為在分別判斷我說法聲音和內容的是你們的真心．那麼這個真心在離開法音後，應該還是有分別性。譬如有旅客，寄住在旅店，暫時休息後就要離去，終究不會永遠住下來。而管理旅店的人，那裡都不會去，所以叫做旅店主人。這裏也是一樣，如果真的是你的本心，那就沒有來去。為什麼離開聲音後，就沒有分別性呢？不只能分別聲音的心是如此，能分別我容貌的心，離

開種種色相，也同樣沒有分別性。如此類推，離開一切外塵相，就沒有分別性，這種狀態不是色相也不是空相，但還是攀緣法塵影事。拘舍離等外道，錯誤的認爲冥然無知就是萬法實性。離開了所攀的諸緣，本來就沒有分別性。你的心性，如果都可以推理歸還到它們當初的來處，那麼用什麼來當你的眞心主宰呢？

阿難言：若我心性，各有所還。則如來說，妙明元心，云何無還？惟垂哀愍，爲我宣說。

阿難說：如果我的心性，各自可以返還他們的來處，那麼世尊宣說的妙明本心，爲什麼沒有返還之處呢？惟願世尊垂憐悲憫，爲我們宣說。

佛告阿難：且汝見我見精明元，此見雖非妙精明心，如第二月，非是月影。汝應諦聽，今當示汝無所還地。阿難，此大講堂，洞開東方，日輪升天，則有明耀。中夜黑月，雲霧晦暝，則復昏暗。戶牖之隙則復見通，牆宇之間則復觀壅。分別之處則復見緣，頑虛之中遍是空性。鬱孛之象則紆

昏塵，澄霽斂氛又觀清淨。阿難，汝咸看此諸變
化相，吾今各還本所因處。

佛陀告訴阿難：你能夠看見我，是透過這個能見的
見精妙明本元，它雖然不是妙明精純本心，但是已
經好像是捏目所見的第二個月亮，不是月亮的影
子。你要仔細聆聽，我現在就開示你無法返還的妙
明本心實相。阿難！這個大講堂的東邊有門窗洞
開，可以看見太陽升到天上，講堂因此就明亮起來。
半夜月黑無光，雲霧晦暝，講堂又變成昏暗。由門
窗打開的空隙可以看見通透的現象，由牆壁可以看
到阻塞的現象。可分別外境之處，可以見到種種所
見緣的差異相。頑虛無物的虛空中，可以見到滿遍
的虛空性。灰沙塵土揚起時，可以看到一切混濁不
清。雨後天晴，就看到一切清淨明亮。阿難！你是
都看見過這些變化現象的。我現在將它們各自返還
到發生本因的地方。

云何本因？阿難，此諸變化，明還日輪。何以故？
無日不明，明因屬日，是故還日。暗還黑月，通
還戶牖，壅還牆宇，緣還分別，頑虛還空，鬱孛

還塵，清明還霽。則諸世間一切所有，不出斯類。
汝見八種見精明性，當欲誰還？何以故？若還於
明，則不明時，無復見暗。雖明暗等種種差別，
見無差別。諸可還者，自然非汝。不汝還者，非
汝而誰？則知汝心，本妙明淨，汝自迷悶。喪本
受輪，於生死中，常被漂溺，是故如來名可憐愍。

什麼是發生本因呢？阿難！這些變化中，光明歸還
給太陽。為什麼呢？沒有太陽就沒有光明，光明的
發生來自太陽，所以歸還給太陽。同理黑暗歸還給
暗月，通透歸還給門窗，壅塞歸還給牆壁，所見緣
歸還給分別，空虛無物歸還給虛空，昏沉混濁歸還
給灰塵，清澈明亮歸還給晴朗。世間一切所有現象，
不會超出這八類。你能見到這八種現象的能見性，
應當歸還給誰呢？為什麼這麼問呢？如果見性歸還
給光明，那麼在沒有光明時，沒有見性，就應該見
不到黑暗。雖然光明黑暗等等現象有差別，但是見
性本身是沒有任何差別的。種種可以歸還給發生本
因的，自然不是你的見性。不能讓你歸還發生本因
的，不是你的見性那是誰呢？你應該要知道你的本
心，原本妙明清淨，是你自己執迷不悟，喪失本性

而受輪迴之苦，在生死大海中，漂浮沉溺，所以如
來我說你們是最可憐的人了！

阿難言：我雖識此見性無還，云何得知是我真性？
佛告阿難：吾今問汝，今汝未得無漏清淨，承佛
神力，見於初禪，得無障礙。而阿那律，見閻浮
提如觀掌中菴摩羅果。諸菩薩等見百千界，十方
如來窮盡微塵清淨國土，無所不矚。衆生洞視不
過分寸。阿難！且吾與汝觀四天王所住宮殿，中
間遍覽水陸空行。雖有昏明種種形像，無非前塵
分別留礙。汝應於此分別自他。

阿難說：我雖然了解這個見性沒辦法歸還，但是怎
麼知道它是我的真心本性呢？佛陀告訴阿難：我現
在問你，你現在還沒有證得無漏清淨果位。但是承
佛威神，可以看見初禪天的境界，沒有障礙。而阿
那律看我們這個世界，就好像看手上的庵摩羅果一
樣。眾位菩薩，可以看見成百上千的世界。十方如
來，可以看見無窮無盡如微塵那麼多的清淨國土，
無所不見。眾生的眼見，不過是分寸之間。阿難，
我和你觀看四天王所住宮殿，其中遍觀了水陸空行

78

等等事物，雖然也有昏暗光明種種不同現象，無非都是現前的塵境塵影，透過分別而留下識礙。你應該在這個地方，分別出自己見性和他物。

今吾將汝擇於見中，誰是我體？誰爲物象？阿難！極汝見源，從日月宮是物非汝。至七金山周遍諦觀，雖種種光亦物非汝，漸漸更觀，雲騰鳥飛，風動塵起，樹木山川，草芥人畜，咸物非汝。阿難，是諸近遠諸有物性，雖復差殊，同汝見精，清淨所矚。則諸物類自有差別，見性無殊。此精妙明，誠汝見性。

現在我就帶領你，在你的所見中選擇，什麼是我的自性本體，什麼是外物他像。阿難！窮盡你的能見力，從日月宮開始，都是外物而不是你，一直到七金山，觀看四周，雖然有種種亮光，還是外物而不是你。慢慢的更仔細觀察，雲騰鳥飛，風動塵起，樹木山川，草芥人畜，都是外物而不是你。阿難！這些或遠或近的事物，雖然它們的色相有差別，但是同樣都被你的見精，清澈明淨的看見。這些事物因爲色相不同，自然有差別，但是你的見精沒有任

何差別變化。這個見精微妙明瞭，實際上就是你的見性。

若見是物，則汝亦可見吾之見。若同見者，名為見吾。吾不見時，何不見吾不見之處？若見不見，自然非波不見之相。若不見吾不見之地，自然非物，云何非汝？

如果見性是物質，那麼你應該可以看見我的見性。如果我們看見同一個物質時，你認為可以看見我的見性。那麼當我閉眼不見時，為什麼你沒辦法看見我閉眼不見時的見性呢？如果你能夠看見我閉眼不見時的見性，閉眼不見時見性離開物質，自然是看見我的見性而不是那個閉眼見不到的物質。如果你看不見我閉眼不見的見性，這是自然的，因為見性不是物質，那為什麼見性不是你的真心本性呢？

又則汝今見物之時，汝既見物，物亦見汝。體性紛雜，則汝與我并諸世間，不成安立。阿難，若汝見時，是汝非我，見性周遍，非汝而誰？云何自疑汝之真性，性汝不真，取我求實？

如果你現在的見性是物質的時候，你既然已經看見物質，物質也看見你了。能見，所見，無情，有情的體性紛亂混雜，則你，我和世間種種事物的關係混亂無法成立。阿難！如果你看見萬物，是你的見性在看而不是我的見性在看，你的見性周遍一切所在，見性不是你的真心本性那還會是誰呢？為什麼自己懷疑自己的真心本性？見性是你本有的實相，但是你不當真，反而找我求取真實本性？

阿難白佛言：世尊，若此見性必我非餘，我與如來觀四天王勝藏寶殿，居日月宮，此見周圓遍娑婆國，退歸精舍祇見伽藍，清心戶堂但瞻簷廡。世尊，此見如是，其體本來周遍一界，今在室中唯滿一室，為復此見縮大為小？為當牆宇夾令斷絕？我今不知斯義所在，願垂弘慈為我敷演。

阿難告訴佛陀說：世尊！如果這個見性真的是我的真心本性，不是其他事物。我和世尊觀看四天王勝藏寶殿，在日月宮，這個見性周圓開闊，遍及娑婆世界各地。回到祇園精舍時，只能看見講堂。在講堂中靜心安坐時，只能看見屋簷和走廊。世尊！這

個見性有這個現象，它的體性本來是遍滿一個世界的，現在到了室內，見性只能遍滿一個房間。是見性收縮由大變小呢？還是房屋的牆壁把見性夾斷了呢？我現在不知道這個道理是什麼，祈願世尊慈悲為我們詳細解說。

佛告阿難：一切世間大小內外，諸所事業，各屬前塵，不應說言見有舒縮。譬如方器，中見方空。吾復問汝，此方器中所見方空，為復定方？為不定方？若定方者，別安圓器，空應不圓。若不定者，在方器中，應無方空。汝言不知斯義所在，義性如是，云何為在？阿難，若復欲令入無方圓，但除器方，空體無方。不應說言，更除虛空方相所在。若如汝問，入室之時，縮見令小。仰觀日時，汝豈挽見齊於日面？若築牆宇，能夾見斷，穿為小竇，寧無續跡？是義不然。

佛陀告訴阿難：一切世間大小內外，種種事物，都屬於現前塵相境界，你不應該說見性有伸張收縮的現象。譬如方形容器，中間見到方形空間。我再問你，這個方形容器中見到的方形空間，是固定的方

型呢？還是不固定的方型呢？如果是固定的方型，如果在方形空間中放入圓形容器，這裡面的空間應該不是圓形的。如果方形是不固定的，那麼在方形容器中，應該沒有方形空間。你說不知道見性變化大小的意義在哪裡，這個和方形容器的性質是一樣的。虛空隨容器而現方圓，見性隨外境而顯大小，怎麼能說見性有大小呢？阿難！如果你要讓虛空形狀不是方形或不是圓形，只要除去方形容器或圓形容器就可以。虛空的形體本來就沒有方形或圓形，更不應該說，要除去虛空方形的形狀。如果像你所問的，進入室內，見性收縮變小。那麼抬頭看太陽時，難道你是把見性拉長到切齊太陽表面嗎？如果建起房屋牆壁，可以把見性夾斷，那麼在牆壁上開小洞，應該就可以連接見性，不會有連接的痕跡，其實事實不是這樣子的。

一切眾生，從無始來，迷己為物，失於本心，為物所轉。故於是中，觀大觀小。若能轉物，則同如來，身心圓明，不動道場，於一毛端遍能含受十方國土。

一切眾生，從無始以來，在境界中迷失自己，失去本心，被物所轉。所以在塵境塵影中，看見大小等等不同境界。如果自己不被外物所轉，而能轉識轉物，那就和如來一樣，身心圓明，如如不動。在一根毛髮的末端，可以包含攝受十方國土。

阿難白佛言：世尊，若此見精必我妙性。今此妙性，現在我前，見必我真，我今身心，復是何物？而今身心分別有實，彼見無別，分辨我身。若實我心，令我今見，見性實我，而身非我。何殊如來先所難言，物能見我？惟垂大慈，開發未悟。

阿難告訴佛陀說：世尊！如果這個遍滿的見性肯定是我的妙明本性。那麼這個見性，不就現在呈現在我面前。遍滿的見性是我的真常本性，那我現有的身心，又是什麼呢？現在這個身心是能分別，有實際作用的。見性沒有分別能力，無法分辨我的身體。如果說見性確實就是我的本心，它讓我能看見一切，那麼見性應該就是我的本體，反而這個肉身不是我啊？這個和世尊剛才責備我，外物也能見我的說法，有什麼不同呢？惟願世尊發大慈悲，開導啓

發我們這些沒有開悟的人。

佛告阿難，今汝所言，見在汝前，是義非實。若實汝前，汝實見者，則此見精既有方所，非無指示。且今與汝坐祇陀林，遍觀林渠及與殿堂，上至日月，前對恒河。汝今於我師子座前，舉手指陳是種種相，陰者是林，明者是日，礙者是壁，通者是空。如是乃至草樹纖毫，大小雖殊，但可有形，無不指著。

佛陀告訴阿難：現在你說，見性在你的面前，這個論述是不對的。如果見性真的是在你面前，你可以實際看見見性，那麼這個見性，就有方位所在，不是無法指示出來的。且說現在我和你坐在祇陀林中，遍觀樹林溪流和宮殿講堂，往上可看日月，往前面對恆河。你現在在我的師子座前，用手指著這一切事物種種形象。陰暗的是樹林，明亮的是太陽，阻礙的是牆壁，通透的是虛空。像這樣乃至花草樹木纖細微毫之事物，大小雖然不同，但是它們都有具體形象，全部都可以被指陳出來。

若必其見現在汝前，汝應以手確實指陳何者是
見。阿難當知，若空是見，既已成見，何者是空？
若物是見，既已是見，何者為物？汝可微細披剝
萬象，析出精明淨妙見元，指陳示我，同彼諸物，
分明無惑。

如果見性真的在你面前可以被看見，你就應該可以
用手具體把它指出來，哪一個是見性。阿難你應該
知道，如果虛空是見性，既然虛空變成了見性，那
什麼是虛空呢？如果物質是見性，既然物質已經是
見性了，那什麼又是物質呢？你可以仔細對萬事萬
物抽絲剝繭，分析出那個精明清淨靈妙見精，指出
來給我看。像指出其他事物一樣，清楚分明沒有疑
惑的表示出來。

阿難言：我今於此重閣講堂，遠洎恒河，上觀日
月，舉手所指，縱目所觀，指皆是物，無是見者。
世尊，如佛所說，況我有漏初學聲聞，乃至菩薩
亦不能於萬物象前，剖出精見，離一切物別有自
性。

阿難說：我現在在這個重樓高閣的講堂，遠處可以看見恆河，往上可以看見日月，用手可以指出來的，用眼睛可以看見的，全部都是物體，沒有這個見性。世尊！就如您所說，何況我只是有漏的初學聲聞，即使是菩薩，也不能在萬物萬象中，另外剖析分離出見性，讓見性脫離一切萬物，另外有自己的體性。

佛言：如是如是。佛復告阿難：如汝所言，無有見精，離一切物，別有自性。則汝所指是物之中，無是見者。今復告汝，汝與如來，坐祇陀林，更觀林苑，乃至日月，種種象殊，必無見精，受汝所指。汝又發明此諸物中，何者非見？

佛陀說：是的！就是這樣！佛陀又告訴阿難，就像你說的，見性不能離開一切物質後，還另外有一個自性。所以你所指出來的這些事物中，沒有一個是見性。現在再告訴你，你和我坐在祇陀林中，再看看眼前的林園，乃至日月，種種萬物萬象都不一樣，一定沒有見性，可以被你指出來。你再詳細觀察在這些事物中，哪一個不是你的見性？

阿難言：我實遍見此祇陀林，不知是中何者非見。何以故？若樹非見，云何見樹？若樹即見，復云何樹？如是乃至若空非見，云何見空？若空即見。復云何空？我又思惟，是萬象中，微細發明，無非見者。

阿難說：我實際上看遍這個祇陀林園，不知道其中哪個不是我的見性。為什麼呢？如果說樹不是我的見性，為什麼我能夠看見樹呢？如果樹是我的見性，為什麼還叫做樹呢？像這樣推論，如果虛空不是見性，為什麼可以看見虛空？如果虛空就是我的見性，那為什麼又被叫做虛空呢？我再三思考，這些萬物萬象中，仔細的去觀察發想後，沒有一樣不是我的見性。

佛言：如是如是。於是大眾非無學者聞佛此言，茫然不知是義終始，一時惶悚，失其所守。如來知其魂慮變慴，心生憐愍，安慰阿難及諸大眾：諸善男子，無上法王是真實語，如所如說，不誑不妄，非末伽黎四種不死矯亂論議。汝諦思惟，無忝哀慕。

佛陀說：是的！就是這樣！於是法會大眾包含初修行者，聽聞佛陀這樣的回答，茫然不知到底是什麼意思，一時驚恐懼怕，迷失了平常信奉的道理。佛陀知道他們神魂不安，焦慮不定，心生憐愍，安慰阿難和眾人說：眾善男子！如來是無上法王，宣說的都是真實話語，如所知見如所言說，不欺誑不妄語。說法不是末伽黎等外道主張的四種不死等等違反常情錯亂的言論。你們仔細的思考，不要再哀怨憂慮了。

是時文殊師利法王子愍諸四眾，在大眾中即從座起，頂禮佛足，合掌恭敬而白佛言：世尊，此諸大眾，不悟如來發明二種精見，色空，是非是義。世尊，若此前緣色空等象，若是見者，應有所指。若非見者，應無所矚。而今不知是義所歸，故有驚怖，非是疇昔善根輕鮮。惟願如來大慈發明此諸物象，與此見精元是何物，於其中間，無是非是。

這時文殊師利法王子，慈悲哀愍四眾弟子，在大眾中，從座位起身，頂禮佛足，合掌恭敬的告訴佛陀

89

說：世尊！法會大眾，不明白世尊闡發說明的二元一體如見性和色相空相，是和非等等的意義。世尊！這些現前所緣的色相空相等等，如果是見性，應該可以指出來看得到。如果不是見性，應該就看不到。現在大眾就是不知道眞正的意義是什麼，所以才會驚慌畏怖，並非是眾人往昔所種善根淺薄稀少。祈願世尊發大慈悲，說明種種的物相，和見性究竟是什麼事物，爲什麼在二者之間，沒有是或不是？

佛告文殊及諸大眾：十方如來及大菩薩，於其自住三摩地中，見與見緣並所想相，如虛空華，本無所有。此見及緣元是菩提妙淨明體，云何於中有是非是？文殊，吾今問汝，如汝文殊更有文殊？是文殊者爲無文殊？

佛陀告訴文殊師利和法會大眾：十方如來和大菩薩，在他們所安住的自性正定正覺境界裡面，能見的自性，所見的塵緣和意識思想，都像虛空中的花，本來就沒有。這個能見性和所見緣，本來就是菩提妙淨本體，同是一體，沒有什麼是或非的問題，怎麼還在裡面來區分是見性和非是見性呢？文殊師

利！我現在問你。你是文殊，還有另外一個文殊嗎？
這個另外的文殊是有文殊呢，或者是沒有文殊呢？

如是，世尊！我真文殊，無是文殊。何以故？若
有是者，則二文殊。然我今日非無文殊，於中實
無是非二相。

文殊師利說：是的！世尊！我本來就是文殊，不需
刻意說我「是」文殊。為什麼呢？如果刻意強調我
「是」文殊，那意識上就會產生一個相對的「非」
文殊，就有二個文殊的認知了。我本來自然就是文
殊，也沒有相對的「非」文殊，所以這裡面本來就
沒有「是」文殊和「非」文殊的相對分別二相。

佛言：此見妙明，與諸空塵，亦復如是。本是妙
明無上菩提淨圓真心，妄為色空及與聞見。如第
二月，誰為是月？又誰非月？文殊，但一月真，
中間自無是月非月。是以汝今觀見與塵，種種發
明名為妄想，不能於中出是非是。由是真精妙覺
明性，故能令汝出指非指。

佛陀說：這個見性微妙圓明，和種種的空相塵相，也是一樣意思。本來是妙明無上菩提淨圓真心，妄生色相空相，以及能聞性能見性，就好像眼睛有病或擠目能見到第二月，妄生第二月，還要區分哪一個是月？哪一個不是月？文殊師利，只有一個月是真的，這中間沒有是月或非月的問題。所以你現在觀察見性與空相塵相，而產生種種發想顯明，都叫做妄想，不能在妄想中超越是非等等的相對性。由這個真實精純不二的妙覺明性，才能讓你超出是非，指非指的相對境界，契入一真法界實相。

阿難白佛言：世尊，誠如法王所說，覺緣遍十方界，湛然常住，性非生滅。與先梵志娑毗迦羅所談冥諦，及投灰等諸外道種，說有真我遍滿十方，有何差別？世尊亦曾於楞伽山，為大慧等敷演斯義。彼外道等常說自然，我說因緣，非彼境界。我今觀此覺性，自然非生非滅，遠離一切虛妄顛倒，似非因緣，與彼自然。云何開示，不入群邪，獲真實心妙覺明性？

阿難告訴佛陀說：世尊！誠如您所說，這個見性是

遍滿十方世界，湛然常住不動，性質沒有生滅變化。這個和外道梵志娑毗迦羅說的冥諦（冥頑不知）和塗灰外道說的真我遍滿十方，有什麼不同呢？世尊也曾在楞伽山，為大慧菩薩等等敷陳演示這些道理：那些外道，常說自然論。我說因緣論，是不一樣的意義。我現在觀察這個覺性是自然不生不滅，遠離一切虛妄顛倒，好像無關因緣，而和外道說的的自然論相似，請世尊開示，讓我們眾人不會墮入種種錯誤的觀念中，得到真實心妙覺明性。

佛告阿難：我今如是開示方便，真實告汝。汝猶未悟，惑為自然。阿難。若必自然，自須甄明有自然體。汝且觀此妙明見中，以何為自？此見為復以明為自？以暗為自？以空為自？以塞為自？阿難，若明為自，應不見暗。若復以空為自體者，應不見塞。如是乃至諸暗等相以為自者，則於明時，見性斷滅，云何見明？

佛陀告訴阿難：我今天這樣多方善巧的譬喻開示，告訴你真理，你還是沒有領悟，懷疑自性本體是無因而生的自然存在之物。阿難！假若一個事物確定

是自然有的，就必須仔細查明它自然的體性是什麼。你觀察這個妙明見性，什麼是它的體性？這個見性是以光明爲體性呢？還是以黑暗爲體性？還是以虛空爲體性？還是以閉塞爲體性？阿難！如果以光明爲體性，應該只看見光明，而看不到黑暗。如果以虛空爲體性，應該只看見虛空，看不到閉塞。以此類推用黑暗爲體性時，那麼在光明的時候，見性應該斷滅、怎麼能看見光明呢？

阿難言：必此妙見，性非自然。我今發明是因緣生，心猶未明，咨詢如來。是義云何合因緣性？

阿難說：這個微妙見性，一定不是自然無因而生。我現在認爲是因緣所生。但是內心還是沒有明白這個道理，請求世尊開示，見性符合因緣性的意義是什麼？

佛言：汝言因緣，吾復問汝。汝今因見，見性現前。此見爲復因明有見？因暗有見？因空有見？因塞有見？阿難，若因明有，應不見暗。如因暗有，應不見明。如是乃至因空因塞，同於明暗。

佛陀說：你說見性是因緣所生。我再問你，你現在因為見到事物，就知道見性現前。那這個見性是因為光明而有呢？還是因為黑暗才有？還是因為虛空而有？還是因為閉塞才有？阿難！如果見性是因為光明而有，那麼就應該見不到黑暗。如果見性是因為黑暗而有，那就應該見不到光明。以此類推，見性因為虛空或閉塞而有，是一樣的道理。

復次，阿難，此見又復緣明有見？緣暗有見？緣空有見？緣塞有見？阿難。若緣空有，應不見塞。若緣塞有，應不見空。如是乃至緣明緣暗，同於空塞。

再說，阿難！這見性到底是緣於光明才有呢？還是緣於黑暗才有？還是緣於虛空才有呢？還是緣於閉塞才有？阿難！如果是緣於虛空才有，在閉塞狀態時，沒有虛空，見性無法生起，就不會看見閉塞。如果是緣於閉塞才有，在虛空狀態時，沒有閉塞，見性無法生起，就不會看見虛空。以此類推，見性緣於光明或黑暗而生，和緣於虛空閉塞是一樣的道理。

當知如是精覺妙明，非因非緣，亦非自然，非不自然，無非不非，無是非是，離一切相，即一切法。汝今云何於中措心，以諸世間戲論名相而得分別？如以手掌撮摩虛空，祇益自勞，虛空云何隨汝執捉？

你要知道這個精覺妙明見性，不是由因也不是由緣所生，也不是自然無因而有，也不是不自然而有，沒有非不非，是不是的相對相，離開一切生滅分別相，就是一切諸法本性。你現在為什麼還在真心中用心努力分別，用世間不實在的戲論名相，來分別真常不變的妙覺本性？這就好像用手來抓取虛空，只是白白徒勞無功，虛空哪裡是你可以隨意捉取的呢？

阿難白佛言：世尊，必妙覺性非因非緣，世尊云何常與比丘宣說見性具四種緣？所謂因空，因明，因心，因眼，是義云何？

阿難告訴佛陀說：世尊！這個妙覺見性，不是因也不是緣。為什麼世尊常常和比丘宣說見性具備了四

種助緣？就是因空間，因光明，因識心，因眼根，這是什麼意思呢？

佛言：阿難，我說世間諸因緣相，非第一義！阿難，吾復問汝，諸世間人說我能見，云何名見？云何不見？

佛陀說：阿難！我所說的世間種種因緣相，用來方便權巧引導，不是第一義諦！阿難！我再問你，世間大眾，說我能看見，什麼叫做看見？什麼叫做看不見呢？

阿難言：世人因於日月燈光，見種種相，名之為見。若復無此三種光明，則不能見。

阿難說：世人藉由日光、月光或燈光，才能看見種種色相，這個叫做看見。如果沒有這三種光明，就不能看見。

阿難，若無明時，名不見者，應不見暗。若必見暗，此但無明，云何無見？阿難，若在暗時，不

見明故，名為不見。今在明時，不見暗相，還名
不見。如是二相，俱名不見。若復二相，自相陵
奪，非汝見性於中暫無。如是則知，二俱名見，
云何不見？是故，阿難，汝今當知，見明之時，
見非是明。見暗之時，見非是暗。見空之時，見
非是空。見塞之時，見非是塞。四義成就。汝復
應知。

佛陀說：阿難！如果沒有光明時，就叫做看不見，
那就應該看不見黑暗。但是黑暗可以被看見，只是
沒有光明而已，怎麼能叫做看不見呢？阿難！如果
在黑暗時，沒有見到光明，就叫做看不見。那麼在
光明的時候，沒見到黑暗，應該也稱為看不見。這
樣的二種現象，都叫做看不見。另外光明、黑暗是
相對的，二者互相爭奪侵蝕，但是你的見性沒有因
為這樣而短暫消失。因為如此就知道二者都叫做看
見，怎麼能說看不見呢？所以阿難，你現在應該知
道，看見光明時，見性不是光明相。看見黑暗時，
見性也不是黑暗相。看見虛空時，見性也不是虛空
相。見到閉塞時，見性也不是閉塞相。見性由非明
暗空塞這四種義理而成就離緣第一義諦，你更應該

覺知：

見見之時，見非是見。見猶離見，見不能及。
（大佛頂首楞嚴經講義／圓瑛大師著。有二種解
釋，解釋不同，真義同歸。）

本心自性真見見到見性帶妄之見時，妄見本空，真
見不會墮入妄見，本心自性真見不是妄見。本性真
見自性猶且離於見性，真見超能所、絕對待、脫根
塵，是見性所不能及，此唯如來能見。

當一個人加功用行，親自見到見性時，這個見性還
不是真見。如來所證究竟義的真見，是離一切妄見
的，是九法界的見性所不能達到的。

云何復說因緣自然，及和合相？

連大菩薩的境界，都無法跟如來真見相比，還談什
麼因緣法，自然法，因緣和合相與自然不和合相？

汝等聲聞，狹劣無識，不能通達清淨實相。吾今

誨汝，當善思惟，無得疲怠妙菩提路。

你們這些聲聞，思想狹窄知識淺薄，不能通達清淨實相。我現在教誨你們，應當好好思考，不要懈怠修行無上菩提的道路。

阿難白佛言：世尊，如佛世尊為我等輩宣說因緣及與自然，諸和合相與不和合，心猶未開。而今更聞見見非見，重增迷悶。伏願弘慈，施大慧目，開示我等覺心明淨。作是語已，悲淚頂禮，承受聖旨。

阿難告訴佛陀說：世尊！就像世尊為我們宣說了因緣論、自然論、因緣和合相與自然不和合相。我們聽聞後還是沒明白，現在又聽聞了見見非見的道理，更加迷惑不解。祈願世尊發大慈悲，賜給眾人大智慧法眼，開示法會大眾等人覺心明淨。阿難說完後，悲傷流淚頂禮佛陀，承受佛陀神聖的教誨。

爾時，世尊憐愍阿難及諸大眾，將欲敷演大陀羅尼諸三摩提妙修行路。告阿難言：汝雖強記，但

益多聞，於奢摩他微密觀照，心猶未了。汝今諦
聽，吾當為汝分別開示，亦令將來諸有漏者獲菩
提果。

這時佛陀憐愍阿難及法會大眾，將要敷陳演說大陀
羅尼（總持，總一切法，持無量義）和種種三摩提
（三昧正定）修行途徑。佛陀告訴阿難說：你雖然
記憶力很好，但這個只是幫助你的廣學多聞，對於
奢摩他微密觀照等等修行，心裡還是沒有瞭解。你
現在仔細聽，我當為你分別開示。同時也讓將來未
證得無漏的修行人，能得到菩提聖果。

阿難，一切眾生輪迴世間，由二顛倒分別見妄，
當處發生，當業輪轉。云何二見？一者，眾生別
業妄見。二者，眾生同分妄見。

阿難！一切眾生，輪迴六道生死，都是因為二種錯
誤顛倒分別的妄見，一念妄動就當處發生起業，一
造業就當業輪轉受報。是哪兩種妄見呢？一是眾生
的別業妄見，二是眾生的同分妄見。

云何名爲別業妄見？阿難，如世間人，目有赤眚，夜見燈光，別有圓影，五色重疊。於意云何？此夜燈明所現圓光，爲是燈色？爲當見色？阿難，此若燈色，則非眚人，何不同見？而此圓影，唯眚之觀。若是見色，見已成色，則彼眚人見圓影者，名爲何等？復次，阿難，若此圓影離燈別有，則合傍觀屏帳几筵有圓影出，離見別有，應非眼矚，云何眚人目見圓影？

什麼叫做別業妄見呢？阿難！譬如有人，眼睛生眼翳病（結膜增生），晚上看見燈光會另外有一個圓形光影，有五顏六色重疊在上面。你認爲如何呢？這個出現的圓形光影，是由燈光而產生的色相，還是由見性而產生的色相呢？阿難！如果圓影是由燈光而顯現的色相，那麼正常人爲什麼看不到這個圓形光影呢？只有眼翳病人才看得到這個圓形光影？如果圓影是由見性而顯現的色相，那麼能見的見性已經變成所見的色相了，這個眼翳病人看見的圓影，要叫做什麼呢？另外，阿難！如果這個圓影，離開了燈光還能存在，那麼看旁邊其他的東西例如圍屏帳篷桌案筵席，都應該會有圓影。如果圓影離開見

性還有，這樣子圓影就不應該是被眼睛看見的。那麼為什麼眼翳病人眼睛還可以看見圓影呢？

是故當知，色實在燈，見病為影。影見俱眚，見眚非病，終不應言是燈是見，於是中有非燈非見。如第二月，非體非影。何以故？第二之觀，捏所成故。諸有智者，不應說言，此捏根元，是形非形，離見非見。此亦如是，目眚所成，今欲名誰是燈是見？何況分別非燈非見？

所以應該知道，各種色相的顯現是因為燈光的緣故，但是只有眼睛生病才會見到圓形光影。事實上，圓影與妄見都是因為眼睛有病才發生的，能見的見性如實反映所見是沒有病的。終究不應該說圓影是因為燈光有還是因為見性有，也不能說圓影不是因為燈光有或不是因為見性有。好像捏目看見第二個月亮，它沒有自體也不是月亮的影像。為什麼呢？因為第二個月亮，是捏目後才有的。有智慧的人，不應該說：這捏目看見的第二個月亮，是月亮原形還是非月亮原形？是離開見性還有，還是不離見性而有？這裏也是一樣，因為眼翳病而看見圓影，圓影虛妄不實，現在要說圓影是燈光造成還是見性造

成，沒有意義，更何況再去分別，圓影不是因燈而有或不是因見性而有？

云何名爲同分妄見？阿難，此閻浮提，除大海水，中間平陸有三千洲，正中大洲東西括量，大國凡有二千三百，其餘小洲在諸海中，其間或有三兩百國，或一或二至於三十四十五十。阿難，若復此中，有一小洲，祇有兩國，唯一國人同感惡緣，則彼小洲當土眾生，睹諸一切不祥境界，或見二日，或見兩月，其中乃至暈適珮玦，彗孛飛流，負耳虹蜺，種種惡相。但此國見，彼國眾生，本所不見，亦復不聞。

什麼叫做同分妄見呢？阿難！在這個閻浮提世界，除了大海，中間平原陸地上有三千陸洲。正中的大洲，從東到西估量，大概有二千三百大國。其它小洲在海中，有的大小是三百國，兩百國，有的大小是一，二國，有的大小是三十，四十，五十國。阿難！如果這其中有一小洲，只有二國。其中一國的人，共同感受惡緣，該國的眾生，看見一切不祥現象，有時看見兩個太陽，有時看見兩個月亮，乃至

雜氣環月，黑氣遮月，日食月暈等等日月災象，但是這些災厄之相，只有這國眾生能看見，另一個國家眾生看不見，甚至不會聽聞到。

阿難，吾今為汝，以此二事，進退合明。

阿難！我現在為你用這兩件事，進退參合說明。

阿難，如彼眾生別業妄見，矚燈光中所現圓影，雖現似境，終彼見者，目眚所成。眚即見勞，非色所造，然見眚者，終無見咎。

阿難！一般眾生的別業妄見，看見燈光中顯現圓影，雖然看起來好像是所見的境，其實是眼翳病所造成的妄見。眼翳病好像眼睛發生勞相一樣，看見的幻相並非實際的色相。但是眼翳病的人，他的見性是完全沒有問題的。

例汝今日，以目觀見山河國土及諸眾生，皆是無始見病所成。見與見緣，似現前境。元我覺明，見所緣眚，覺見即眚。本覺明心，覺緣非眚。

例如你現在用眼睛可以看見山河國土和法會大眾，
這都是無始以來，無明妄見毛病造成的無明業相。
能見見性和所見所緣，好像清楚的呈現出眼前受用
境界。這些境界是原本我們本心自性一念妄覺欲求
明，幻起能見而妄見所緣相的眚病。若覺自己能見，
這個還是眚病。本覺明心能覺諸緣起相，不隨緣遷
流所以不是眚病。

覺所覺眚，覺非眚中，此實見見，云何復名覺聞
知見？是故汝今見我及汝，幷諸世間十類眾生，
皆即見眚，非見眚者，彼見真精，性非眚者，故
不名見。

只要察覺一切知覺都是眚病，這個覺知就肯定不是
落在眚病之中，這就是真見見到妄見，為什麼還把
帶妄六和合的見聞覺知當成是一精明的妙覺明性？
所以你現在見到我，你自己和世間十類眾生，都是
你的妄見眚病所造成的，而本性真見並沒有任何眚
病。這個本性真見，從來沒有眚病顛倒，所以不稱
為妄見或能見，因為究竟一無所見。

阿難，如波眾生同分妄見，例波妄見別業一人，一病目人，同波一國。波見圓影，眚妄所生。此眾同分所見不祥，同見業中，瘴惡所起，俱是無始見妄所生。

阿難！一國眾生共業一同顯現妄見，相似於眼翳病人別業妄見五色圓影。一個眼翳病人發生妄見，和一國眾生發生妄見是一樣的道理。眼翳病人見到圓影妄見，是眼翳病造成。一國眾生共業一起看見不祥，同樣是在共業上累積種種瘴惡而引起的。這些都是無始以來的無明妄見妄攀緣妄取所產生的。

例閻浮提三千洲中，兼四大海娑婆世界，并洎十方諸有漏國及諸眾生，同是覺明無漏妙心，見聞覺知，虛妄病緣，和合妄生，和合妄死。若能遠離諸和合緣及不和合，則復滅除諸生死因，圓滿菩提，不生滅性。清淨本心，本覺常住。

例如閻浮提三千大洲，四大海，娑婆世界，十方種種有漏國土和一切眾生，同樣都是具足本覺妙明無漏妙心，因一念無明妄動，妄生見聞覺知見分為虛

妄病緣，妄見和合相生，和合相滅。如果能遠離種種發業潤生無明和境界緣合，及自然不和合根本無明煩惱，就能滅除「分段生死」和「變易生死」的原因了。證得圓滿菩提，不生不滅，本心清淨，本覺常住。

阿難，汝雖先悟本覺妙明，性非因緣，非自然性，而猶未明如是覺元，非和合生及不和合。阿難，吾今復以前塵問汝，汝今猶以一切世間妄想和合諸因緣性，而自疑惑證菩提心和合起者，則汝今者妙淨見精，為與明和？為與暗和？為與通和？為與塞和？

阿難！你雖已明白本覺妙明真心，性質不是因緣而有，也不是自然而有。但你還沒明白這個本覺妙明真心，也不是和合而生，也不是非和合而生。阿難！我現在再用現前的塵相來問你，你現在認為世間一切都是眾生的妄想透過種種因緣而和合，是不是自己生起疑惑，認為菩提本心也是由因緣和合而得。那你現在的妙淨見精是與光明和合呢？還是與黑暗和合？還是與通透和合呢？還是與壅塞和合呢？

若明和者，且汝觀明，當明現前，何處雜見？見相可辨，雜何形像？若非見者，云何見明？若即見者，云何見見？必見圓滿，何處和明？若明圓滿，不合見和。見必異明，雜則失彼性明名字。雜失明性，和明非義。彼暗與通及諸群塞，亦復如是。

如果見性是與光明和合，你觀察光明，當光明顯現在你眼前，在那裡有混雜和合見性呢？所見色相是可以被辨認判斷的，那麼光明是被混雜和合什麼色相呢？如果光明不是見性，那怎麼能看到光明？如果光明就是見性，那見性怎麼能自己看見自己呢？如果見性本身圓滿具足，那麼在哪裡與光明和合呢？如果光明本身就圓滿具足，那麼就不需要和見性和合。見性和光明是不同的，二者混雜和合後就不是見性和光明了，混雜和合也讓光明失去原本特性，圓滿見性去和合光明是沒有意義的。判斷其他如黑暗，通透還有閉塞等等塵相，都是一樣的道理。

復次，阿難，又汝今者妙淨見精，為與明合？為與暗合？為與通合？為與塞合？若明合者，至於

暗時，明相已滅，此見即不與諸暗合，云何見暗？若見暗時，不與暗合，與明合者，應非見明。既不見明，云何明合？了明非暗？彼暗與通及諸群塞，亦復如是。

阿難！你現在的妙淨見精，是與光明和合？還是與黑暗和合？還是與通透和合？還是與閉塞和合？如果見性是與光明和合，當黑暗出現時，光明現象滅絕，見性不與黑暗和合，怎麼能見到黑暗呢？如果見性看到黑暗時，不與黑暗和合，要和光明和合，這時見到的是黑暗，應該不是見到光明。既然見不到光明，見性怎麼與光明和合，來了解所見是光明而不是黑暗呢？判斷其他的黑暗，通透還有閉塞，都是一樣的道理。

阿難白佛言：世尊，如我思惟，此妙覺元與諸緣塵及心念慮非和合耶？佛言：汝今又言覺非和合。吾復問汝，此妙見精非和合者，為非明和？為非暗和？為非通和？為非塞和？若非明和，則見與明必有邊畔。汝且諦觀，何處是明？何處是見？在見在明，自何為畔？阿難，若明際中必無

見者，則不相及，自不知其明相所在，畔云何成？
波暗與通及諸群塞，亦復如是。

阿難告訴佛陀說：世尊！我現在這樣想，這個妙明
圓覺見性，和種種所緣塵境，以及六處識心是不和
合的吧？佛陀說：你現在又說妙覺見性不是和合
的，我再問你，這個靈妙見精是不與光明和合，還
是不與黑暗和合？還是不與通透和合？還是不與閉
塞和合？如果不與光明和合，那麼見性和光明接
觸，一定有邊界。你仔細觀察，那裡是光明？那裡
是見性？見精和光明，以什麼為邊界呢？阿難！由
於二者不和合，光明這一邊，必定沒有見性存在，
二者完全沒有交集，見性自然不會知道光明的狀況
和位置，怎麼能形成邊界呢？，不和合的假設無法
成立。同理可知，黑暗和通透，以及閉塞，都是一
樣的道理。

又妙見精，非和合者，為非明合？為非暗合？為
非通合？為非塞合？若非明合，則見與明性相乖
角，如耳與明，了不相觸。見且不知明相所在，
云何甄明合非合理？波暗與通及諸群塞，亦復如

是。

另外靈妙見精，不是和合性，是不與光明和合呢？
還是不與黑暗和合？還是不與通透和合？還是不與
閉塞和合？如果見性是不與光明和合，那麼見性和
光明，性質完全背離不相干。好像耳朵和光明一樣，
了無關係不相接觸。見性連光明在哪裡都不知道，
又怎麼分別光明來與它不和合呢？同理可知，黑暗
和通透，以及閉塞，都是一樣的道理。

阿難，汝猶未明一切浮塵，諸幻化相，當處出生，
隨處滅盡，幻妄稱相，其性真為妙覺明體。如是
乃至五陰，六入，從十二處，至十八界，因緣和
合，虛妄有生，因緣別離，虛妄名滅。殊不能知
生滅去來，本如來藏常住妙明，不動周圓妙真如
性。性真常中，求於去來迷悟生死，了無所得。

阿難！你還沒明白，一切法界浮塵，種種虛妄不實
幻有假相，當處出生，來無來處，隨處滅盡，去無
去處，它們的本體根源卻是妙覺圓明本體。同理包
含五陰、六入、十二處、十八界這些色法心法，都

是因緣和合，虛妄幻生，因緣別離，虛妄幻滅。你還不知道生滅去來的一切萬相，都是自性本體如來藏，常住妙明，不動周圓，妙真如性。常住真性超能所、絕對待、脫根塵，在其中尋求去來、迷悟、生死，是了不可得的。

阿難，云何五陰本如來藏妙真如性？阿難，譬如有人，以清淨目，觀晴明空，唯一晴虛，迥無所有。其人無故，不動目睛，瞪以發勞，則於虛空，別見狂華，復有一切狂亂非相。色陰當知亦復如是。

阿難！為什麼色受想行識五陰原本就是如來藏妙真如性呢？阿難！譬如有人，用健康的眼睛觀察晴朗明亮的天空，唯一能看見的就是晴朗的虛空，其他什麼都沒有。這個人突然無緣無故眼珠不動，一直看著天空同一個地方，眼睛直視久看不動就視覺疲勞，在虛空中就另外看見浮動的光點光花，還有其他奇怪紛亂的幻相。色陰虛妄也是這樣的道理。

阿難，是諸狂華，非從空來，非從目出。如是，

阿難，若空來者，既從空來，還從空入。若有出入，即非虛空。空若非空，自不容其華相起滅。如阿難體，不容阿難。

阿難！這些紛亂如點如花的光相，不是虛空中生出來的，也不是眼睛生出來的。就是這樣！阿難！如果光點光花是從虛空中生出來的，從虛空中來，就從虛空回去。如果虛空有出有入，就不是空無一物了，虛空如果不是真的空無一物，就是實體，自然不容許光點光花出入生滅。就好像阿難的身體，不能再容許另一個阿難進出。

若目出者，既從目出，還從目入。即此華性，從目出故，當合有見。若有見者，去既華空，旋合見眼。若無見者，出既翳空，旋當翳眼。又見華時，目應無翳，云何睛空，號清明眼？是故當知色陰虛妄，本非因緣，非自然性。

如果光點光花是眼睛產生的，既然從眼睛出來，就能從眼睛回去。光點光花為眼睛所生，應當也有見性。如果具備見性，從眼睛裡出去顯現為虛空中光

點光花，迴轉看從眼睛出來的地方，應該可以看見眼睛。如果光點光花沒有能見性，從眼睛出去時就遮蔽虛空，光點光花回到眼睛時就遮蔽眼睛。還有你見到光點光花時，眼睛本來就是健康清淨沒有病的。爲什麼要說看見晴朗清淨藍天，眼睛才是清淨明亮沒有病的？所以應該知道色陰虛妄，不是因緣而有，也不是自然而有。

阿難，譬如有人，手足宴安，百骸調適，忽如忘生，性無違順。其人無故，以二手掌於空相摩，於二手中，妄生澀滑冷熱諸相。受陰當知亦復如是。

阿難！譬如有人，雙手和雙腳都舒服自在，身體內外也都很調和自然，突然好像忘記了身體的存在，活動上也沒有任何不順的感覺。這個人無緣無故，用兩個手掌在空中相互摩擦，在兩個手掌上，虛妄生出澀、滑、冷、熱等等感覺。受陰虛妄就是這樣的道理。

阿難，是諸幻觸，不從空來，不從掌出。如是，

阿難，若空來者，旣能觸掌，何不觸身？不應虛
空，選擇來觸。

阿難！這些虛幻的觸感，不是從虛空中來的，也不
是從手掌生出來的。就是這樣，阿難！如果觸覺是
由虛空中生出來的，那麼它可以觸發手掌知覺，為
什麼不觸發身體知覺呢？虛空本身並無認知，不會
做選擇性的觸發。

若從掌出，應非待合。又掌出故，合則掌知，離
則觸入，臂腕骨髓，應亦覺知入時蹤跡。必有覺
心，知出知入。自有一物，身中往來。何待合知，
要名為觸？是故當知，受陰虛妄，本非因緣，非
自然性。

如果觸覺是由手掌生出，就不會在兩隻手合掌摩擦
時才產生觸覺。另外如果觸覺是由手掌生出，兩手
合掌時知道觸感，兩掌分離時觸感就應該回到手
掌，連手臂手腕骨髓都應該知道觸覺回來的感覺。
一定有一個識覺心，感知觸覺的出入來往。如果有
一個覺識感知在身體內來來往往，何必要等到合掌

時才知道感覺，還稱呼它爲觸感？應該要知道，受陰虛妄，不是因緣所生，也不是自然而生。

阿難，譬如有人，談說酢梅，口中水出。思蹋懸崖，足心酸澀。想陰當知，亦復如是。

阿難！譬如有人，聽到或說到酸醋或梅子，自然發想而流口水。想到踏在懸崖邊緣時，腳自然酸軟滯澀。想陰虛妄也是這樣的道理。

阿難，如是酢說，不從梅生，非從口入。如是，阿難，若梅生者，梅合自談，何待人說？若從口入，自合口聞，何須待耳？若獨耳聞，此水何不耳中而出？想蹋懸崖，與說相類。是故當知，想陰虛妄，本非因緣，非自然性。

阿難！聽到或說到酸醋或梅子而流口水，這個口水不是由梅子產生的，也不是單純由嘴巴發生的。就是這樣！阿難！如果說口水是由酸梅產生的，那麼酸梅就可以自己說酸來讓你流口水，不用等到別人說酸。如果嘴巴能自己直接流口水，表示嘴巴可以

聽到酸梅而流口水，為什麼要等到耳朵聽見酸梅後才流口水呢？如果單獨靠耳朵就可以流口水，那麼口水為什麼不從耳朵裡流出來呢？想像自己腳踏懸崖邊緣，腳就酸軟無力，道理也是一樣的。所以應該知道，想陰虛妄，不是因緣所生，也不是自然而生。

阿難，譬如瀑流，波浪相續，前際後際，不相踰越。行陰當知，亦復如是。

阿難！譬如急瀑流水，波浪相續不斷，前浪和後浪之間，不會互相超越。行陰虛妄也是這樣的道理！

阿難，如是流性，不因空生，不因水有，亦非水性，非離空水。如是，阿難，若因空生，則諸十方無盡虛空，成無盡流，世界自然俱受淪溺。若因水有，則此瀑流性應非水，有所有相，今應現在。若即水性，則澄清時，應非水體。若離空水，空非有外，水外無流。是故當知，行陰虛妄，本非因緣，非自然性。

阿難！這個瀑流的特性，不是從虛空而生，也不是由水而生，更不是水的特性，但是又不能離開虛空和水。就是這樣！阿難！如果瀑流是因虛空而生，則十方的無限虛空，都變成了無邊無際的瀑流，整個世界都被淹沒。如果瀑流是因水而有，水的特性是溫和澄清，瀑流的特性是急流渾濁，瀑流特性不是水的特性。如果是水產生瀑流，必須要能生所生相同時呈現，才可以說是因為水才有瀑流。如果瀑流急速渾濁的性質就是水性，當水流澄清不動的時候，瀑流特性沒有了，這個澄清是就不是水的本體了。如果瀑流可以離開虛空和水而存在，虛空是周遍佈滿沒有另外空間，所以瀑流不可能存在。離開了水，沒有水怎麼會有瀑流呢？所以應該知道，行陰虛妄，不是因緣所生，也不是自然而生。

阿難，譬如有人，取頻伽缾，塞其兩孔，滿中擎空，千里遠行，用餉他國。識陰當知，亦復如是。

阿難！譬如有人，拿了一個伽陵頻伽鳥形狀的瓶子，將瓶子的兩個孔堵住，讓瓶子裡面裝著滿滿的當地虛空，然後千里遠行，將瓶子和裡面滿滿的虛

118

空當做禮物送給其他地方的人。識陰虛妄也是這樣
的道理。

阿難，如是虛空，非彼方來，非此方入。如是，
阿難，若彼方來，則本缾中，既貯空去，於本缾
地應少虛空。若此方入，開孔倒缾，應見空出。
是故當知，識陰虛妄，本非因緣，非自然性。

阿難！瓶子裡的虛空，不是從外地來的，也不是在
本地進去的。就是這樣！阿難！如果瓶內虛空是外
地的，既然瓶內儲存了一塊外地的虛空，那麼當初
封瓶的外地就應該就少了一塊虛空才是。如果瓶內
虛空是在本地進入的，那麼開孔倒瓶時，就應當可
看見虛空從瓶內出來。所以應該知道，識陰虛妄，
不是因緣所生，也不是自然而生。

120

卷三

復次，阿難，云何六入本如來藏妙眞如性？阿難，
即彼目睛瞪發勞者，兼目與勞，同是菩提瞪發勞
相。因於明暗二種妄塵，發見居中，吸此塵象，
名爲見性。此見離彼明暗二塵，畢竟無體。如是，
阿難。

接下來，阿難！爲什麼眼耳鼻舌身意六入本來就是
如來藏妙眞如性呢？阿難！就像用眼睛直視虛空看
久發生疲勞幻相的例子，這個能見的眼睛和所見的
疲勞幻相，都是菩提本心疲勞所顯現的妄相。因爲
光明黑暗二種妄塵，使本心發起妄見，吸取光明黑
暗兩種妄塵，就叫做能見性。這個能見性離開了光
明黑暗兩種妄塵，根本沒有自己的體性。就是這樣！
阿難！

當知是見，非明暗來，非於根出，不於空生。何以故？若從明來，暗即隨滅，應非見暗。若從暗來，明即隨滅，應無見明。若從根生，必無明暗。如是見精，本無自性。若於空出，前矚塵象，歸當見根。又空自觀，何關汝入？是故當知，眼入虛妄。本非因緣，非自然性。

應當知道這個能見性，不是從光明或黑暗生出來，也不是從眼根生出來，也不是從虛空中生出來。為什麼呢？如果能見性是從光明生出來，在黑暗時，能見性隨著沒有光明而滅絕，就看不到黑暗。如果能見性是從黑暗產生，在光明時，能見性因為沒有黑暗而滅絕，就看不到光明。如果說能見性是從眼根產生，就和光明黑暗沒有關係，但是能見性離開了光明黑暗，就失去了自己的作用體性。如果說能見性是從虛空中產生，虛空能見事物，往前看見外塵萬象，往後應該會看見眼睛。另外虛空自己能夠看見事物，虛空自己觀看萬物又和你的眼見有什麼關係呢？所以應該知道眼根能看的作用是虛妄不實的，不是因緣而生，也不是自然而有。

阿難，譬如有人，以兩手指急塞其耳，耳根勞故，頭中作聲，兼耳與勞，同是菩提瞪發勞相。因於動靜二種妄塵，發聞居中，吸此塵象，名聽聞性。此聞離彼動靜二塵，畢竟無體。如是，阿難。

阿難！譬如有人，用兩個手指用力塞緊耳朵，耳根因為受壓疲勞，頭裡面就感覺有聲音，能聞的耳根和所聞的受壓疲勞聲音，都是菩提本性疲勞所呈現出來的虛妄現象。因為動靜兩種妄塵，引發本心發起妄聞，吸取分別動靜塵象，就稱為聽聞性。這個聽聞性離開動靜二種塵象，究竟沒有自己的體性。就是這樣！阿難！

當知是聞，非動靜來，非於根出，不於空生。何以故？若從靜來，動即隨滅，應非聞動。若從動來，靜即隨滅，應無覺靜。若從根生，必無動靜。如是聞體，本無自性。若於空出，有聞成性，即非虛空。又空自聞，何關汝入？是故當知，耳入虛妄，本非因緣，非自然性。

應當知道這個聽聞性，不是從動或靜生出來的，也

不是從耳根出來的，也不是從虛空中生出來的。為
什麼呢？如果聽聞性是由靜象而來的，在動象時聽
聞性因為沒有靜象而滅絕，就無法聽聞動象。如果
聽聞性是由動象而來的，在靜象時聽聞性因為沒有
動象而滅絕，就無法聽聞靜象。如果聽聞性是從耳
根生出來的，就不必靠動靜來呈現聽聞性，但是聽
聞性離開了動靜二象並沒有作用體性。如果聽聞性
是從虛空中生出，虛空有聽聞性，就不是虛空了。
另外虛空自己可以聽聞，那和你耳根的聽聞有什麼
關係呢？所以應該知道耳根能聽的作用是虛妄不實
的，不是因緣所生，也不是自然而有。

阿難，譬如有人，急畜其鼻，畜久成勞，則於鼻
中，聞有冷觸，因觸分別，通，塞，虛，實，如
是乃至諸香臭氣，兼鼻與勞，同是菩提瞪發勞相。
因於通塞二種妄塵，發聞居中，吸此塵象，名嗅
聞性。此聞離彼通塞二塵，畢竟無體。

阿難！譬如有人，用鼻子急速用力的吸氣，用力吸
氣久了鼻子就發生疲勞，嗅聞就有冷觸的感覺。鼻
子透過嗅覺來分別暢通或阻塞，乃至吸入香氣或臭

124

氣等等。能嗅的鼻子和疲勞相所嗅的冷觸香臭，都是屬於菩提真性疲勞所呈現的妄相。因爲暢通和阻塞二種妄塵，引發本心發起妄聞，吸取暢通阻塞塵象而分別，稱爲嗅聞性。這個嗅聞性離開暢通阻塞二種塵相，究竟沒有自己的體性。

當知是聞，非通塞來，非於根出，不於空生。何以故？若從通來，塞則聞滅，云何知塞？如因塞有，通則無聞，云何發明香臭等觸？若從根生，必無通塞。如是聞機，本無自性。若從空出，是聞自當迴嗅汝鼻。空自有聞，何關汝入？是故當知，鼻入虛妄，本非因緣，非自然性。

應當知道這個嗅聞的作用，不是從暢通或阻塞而來，也不是由鼻根而來，也不是由虛空所生。爲什麼呢？如果嗅聞功能是因暢通而生，那麼當阻塞時，嗅聞功能因爲沒有通暢而滅絕，怎麼能感知阻塞呢？如果嗅聞功能是因爲堵塞而有，在通暢時，嗅聞功能因爲沒有阻塞而滅絕了，如何去嗅聞香味或臭味呢？如果嗅聞性是從鼻根而有，嗅聞就與暢通或阻塞無關。但是嗅聞性離開了暢通阻塞，就失

去了自己的體性。如果嗅聞性是由虛空所生，這個
嗅聞性應當可以迴旋來嗅你自己的鼻子。虛空自己
能嗅聞，和你的鼻子能嗅聞有什麼關係呢？所以應
該知道鼻根能嗅的作用是虛妄不實的，不是因緣所
生，也不是自然而生。

阿難，譬如有人，以舌舐吻，熟舐令勞。其人若
病，則有苦味。無病之人，微有甜觸。由甜與苦，
顯此舌根。不動之時，淡性常在。兼舌與勞，同
是菩提瞪發勞相。因甜苦淡二種妄塵，發知居中，
吸此塵象，名知味性。此知味性，離波甜苦及淡
二塵，畢竟無體。如是，阿難。

阿難，譬如有人，不斷用舌頭舐著嘴唇，舐久以後
舌頭就疲勞過度。這個人如果生病，舌頭就會嘗到
苦味。這人如果健康沒病，舌頭就會嘗到一點點甜
味。甜味和苦味，可以顯發出舌根的味覺作用。如
果舌頭不動時，口中會感覺淡而無味。這個能嘗的
舌頭和疲勞所嘗的味道，都是屬於菩提真性疲勞所
呈現的現象。因為甜苦有味與淡而無味二種妄塵，
使本心發起虛妄味覺，吸取有味無味兩種塵象，就

叫做知味性。這個知味性離開了有味無味兩種妄
塵，根本沒有自己的體性。就是這樣！阿難！

當知如是嘗苦淡知，非甜苦來，非因淡有，又非
根出，不於空生。何以故？若甜苦來，淡則知滅，
云何知淡？若從淡出，甜即知亡，復云何知甜苦
二相？若從舌生，必無甜淡及與苦塵。斯知味根，
本無自性。若於空出，虛空自味，非汝口知。又
空自知，何關汝入？是故當知，舌入虛妄，本非
因緣，非自然性。

應該知道舌頭能品嘗味道的知味性，不是從甜苦有
味而來，也不是由淡而無味而來，也不是從舌根生
出，也不是從虛空生出。為什麼呢？如果知味性是
由甜苦有味而來，在淡而無味時，知味性已經消失，
怎麼能嚐知淡而無味呢？如果知味性是從淡而無味
生出，那麼在甜苦有味時，知味性不存在，又怎麼
能嚐知甜苦二味呢？如果知味性是從舌根而生，就
不需要甜淡苦等等味塵來作用。但是知味性離開有
味和無味兩種味塵，無法有自己的體性。如果知味
性是從虛空生出來的，虛空自己可以嘗味，不需要

你自己口裏嘗味。另外虛空自己可以嘗味，和你的舌頭知味性有什麼關係呢？所以應該知道舌根能嚐的作用是虛妄不實的，不是因緣所生，也不是自然而生。

阿難，譬如有人，以一冷手。觸於熱手。若冷勢多，熱者從冷。若熱功勝，冷者成熱。如是以此合覺之觸，顯於離知，涉勢若成，因於勞觸。兼身與勞，同是菩提瞪發勞相。因於離合二種妄塵，發覺居中，吸此塵象，名知覺性。此知覺體，離彼離合違順二塵，畢竟無體。如是，阿難。

阿難！譬如有人，用一隻冰冷的手，觸摸另一隻溫熱的手。如果冷手溫度很低，接觸的熱手就會慢慢變冷。如果熱手溫度很高，接觸的冷手就會慢慢變熱。像這樣二手合觸的感覺，比二手分開個別的感覺明顯。二手合觸溫度互相干涉，接觸涉入太久，冷熱程度就會變化，發生感覺疲勞。能感知的身體和疲勞所感知冷熱狀況，都是屬於菩提真性疲勞所呈現的現象。因為分開和接觸二種妄塵，使本心發起虛妄觸覺，吸取分開與接觸兩種塵象，就叫做知

128

覺性。這個知覺性離開了分開接觸兩種妄塵，根本
沒有自己的體性。就是這樣！阿難！

當知是覺，非離合來，非違順有，不於根出，又
非空生。何以故？若合時來，離當已滅，云何覺
離？違順二相，亦復如是。若從根出，必無離合
違順四相，則汝身知，元無自性。必於空出，空
自知覺，何關汝入？是故當知，身入虛妄，本非
因緣，非自然性。

應該知道，身體能感知觸覺的功能，不是從分開或
接觸而來，也不是由苦觸或樂觸舒不舒服而來，也
不是從身體生出，也不是從虛空生出。為什麼呢？
如果知覺性是由接觸而來，在分開時知覺性因為沒
有接觸而滅絕，怎麼能覺知到分開呢？苦觸樂觸二
個現象也是一樣。如果知覺性是從身根而生，就不
需要有分開，接觸，苦觸或樂觸來發起作用。但是
知覺性脫離了分開，接觸，苦觸和樂觸等等塵相，
無法有自己的體性。如果知覺性是從虛空出來的，
虛空自己可以感覺，和你的身體感覺有什麼關係
呢？所以應該知道身體能覺的作用是虛妄不實，不

是因緣所生，也不是自然而生。

阿難，譬如有人，勞倦則眠，睡熟便寤，覽塵斯憶，失憶為忘，是其顛倒生住異滅，吸習中歸，不相踰越，稱意知根。兼意與勞，同是菩提瞪發勞相。因於生滅二種妄塵，集知居中，吸撮內塵，見聞逆流，流不及地，名覺知性。此覺知性，離彼寤寐生滅二塵，畢竟無體。如是，阿難。

阿難！譬如有人，精神勞累疲倦就會想睡，睡眠充足精神飽滿就自然清醒，醒來後回想夢中塵境，如果記得就叫記憶，如果不記得就叫忘記，這是意根顛倒所生諸塵的生住異滅相。意根持續吸收種種習氣而回歸落下種子於意根薰習，前念後念種子不相超越而有次序的潛伏，稱呼為意知根。這個能知的意根和所知的種種認知顛倒相，都是菩提真性疲勞所呈現的現象。因為生滅二種妄塵，使本心發起虛妄的攀緣習氣，在生滅妄塵中發起分別、執著認知，吸收攝取前五塵落謝留影，甚至發起獨頭幻想。順流外緣的見聞嗅嚐覺等功能即使要反緣逆流，也緣不到意根之地。獨頭意識能依意根而緣內塵，但是

130

它也是緣不到它的根地。意根吸收法塵，於中認知分別，稱爲覺知性。這個覺知性，離開了寤寐生滅二塵，徹底沒有體性。就是這樣！阿難！

當知如是覺知之根，非寤寐來，非生滅有，不於根出，亦非空生。何以故？若從寤來，寐即隨滅，將何爲寐？必生時有，滅即同無，令誰受滅？若從滅有，生即滅無，誰知生者？若從根出寤寐二相隨身開合，離斯二體，此覺知者，同於空華，畢竟無性。若從空生，自是空知，何關汝入？是故當知，意入虛妄，本非因緣，非自然性。

應當知道這個能認知的意根，不是從清醒或睡著而來。也不是由生滅來，也不是從意根來，也不是從虛空來。爲什麼呢？若這認知性是從清醒時而來，那麼當睡著的時候，認知性消失，如何覺知進行睡眠呢？如果認知性是從萬法生出而來，那麼當萬法滅絕時，認知性消失，如何去覺知滅絕呢？如果覺知性是從滅絕生出，那麼當萬法生出時，認知性消失，如何覺知生出呢？若認知性是從意根裡產生，而人的睡著或清醒是由身體進行。離開了身體的睡

著和清醒，這個意識認知就好像是空中花，畢竟沒有實性。如果認知性是由虛空生出，虛空自己可以認知，這與你的認知又有什麼關係？所以應當知道，意根能知的作用是虛妄不實，不是因緣所生，也不是自然而生。

渡次，阿難，云何十二處本如來藏妙眞如性？

接下來，阿難！爲什麼眼耳鼻舌身意對色聲香味觸法十二處本來就是如來藏妙眞如性呢？

阿難，汝且觀此祇陀樹林及諸泉池，於意云何？此等爲是色生眼見？眼生色相？阿難，若渡眼根生色相者，見空非色，色性應銷，銷則顯發一切都無。色相既無，誰明空質？空亦如是。

阿難，你觀察這個祇陀樹林以及這些水泉池塘。您認爲如何呢？這些事物是因爲有色塵而產生眼見？還是因爲眼見而產生色相？阿難！如果是眼根能生出色相，當眼睛見到虛空時，虛空不是色相，沒有色相，表示沒有能生色相性，能生色相性銷亡表示

一切色相全無。既然沒有任何色相，那麼如何對比或理解什麼是虛空呢？由眼根生空相也是一樣的道理。

若復色塵生眼見者，觀空非色，見即銷亡，亡則都無，誰明空色？是故當知，見與色空，俱無處所。即色與見，二處虛妄，本非因緣，非自然性。

如果是色塵生出了眼見，那麼看見虛空時，虛空不是色相，無法生出眼見；眼見性銷亡，什麼都看不見，如何判斷色相空相呢？所以應該知道，能見的眼根和所見的色相虛空相，都沒有一定的處所。所見色塵和眼根能見性，二者都是虛妄。不是因緣所生，也不是自然而生。

阿難，汝更聽此祇陀園中，食辦擊鼓，眾集撞鐘，鐘鼓音聲，前後相續，於意云何？此等為是聲來耳邊？耳往聲處？阿難，若復此聲來於耳邊，如我乞食室羅筏城，在祇陀林則無有我。此聲必來阿難耳處，目連迦葉應不俱聞，何況其中一千二百五十沙門，一聞鐘聲。同來食處。

阿難！你再聽這祇陀園中，到用齋時間就擊鼓，集合大眾時就撞鐘，鐘鼓的聲音，前後相續。您認為如何呢？是聲音過來你的耳邊？還是耳根跑到聲音那邊去？阿難！如果是聲音跑來你的耳邊，就像是我到室羅筏城乞食一樣，祇陀林中就不會有我出現。聲音如果來到阿難耳邊，則目犍連和迦葉應該就聽不見，但實際上不是這樣，更何況有一千二百五十個比丘，一聽見鐘聲，就一起來到用齋的地方。

若復汝耳注波聲邊，如我歸住祇陀林中，在室羅城則無有我。汝聞鼓聲，其耳已注擊鼓之處，鐘聲齊出，應不俱聞。何況其中象馬牛羊，種種音響。若無來注，亦復無聞。是故當知，聽與音聲，俱無處所，即聽與聲，二處虛妄，本非因緣，非自然性。

如果是你的耳根跑到鐘鼓聲旁邊，如同我回到祇陀林一樣，室羅筏城裏就不可能有我。你聽到鼓聲，耳根已經跑到鼓聲處，這時鐘聲也發出了，你應該是聽不見鐘聲的。但實際上並非如此，更何況你還聽到其它象馬牛羊種種聲音。另外如果說耳根沒有

到聲音旁邊，聲音也沒有到耳朵旁邊，二者沒有來往，應該是什麼都聽不到，事實並非如此。所以應該知道，耳根能聽性和所聽的聲塵，都沒有一定的處所，耳根能聽性和所聽的聲塵，二者都是虛妄的。不是因緣所生，也不是自然而生。

阿難，汝又嗅此鑪中栴檀，此香若復然於一銖，室羅筏城四十里內同時聞氣。於意云何？此香為復生栴檀木？生於汝鼻？為生於空？阿難，若復此香生於汝鼻，稱鼻所生，當從鼻出。鼻非栴檀，云何鼻中有栴檀氣？稱汝聞香，當於鼻入，鼻中出香，說聞非義。

阿難！你聞香爐中燃燒的旃檀，這種香如果燃燒比一克少一點的量，室羅筏城方圓四十里內，同時可以聞到這個香氣。您認為如何呢？這個香氣是從旃檀木生出來的？還是從你的鼻子生出來的？還是從虛空中生出來的？阿難！如果這個香氣，是從你的鼻子所生，鼻子會生出香氣，那麼香氣應該就從鼻子發出來。但是鼻子不是旃檀木，為什麼鼻子裡面會聞到旃檀香味？說是你聞到香氣，香氣應該是由

鼻子吸入。如果說鼻子能發出香氣，說是聞香就不恰當了。

若生於空，空性常恒，香應常在，何藉鑪中，爇此枯木？若生於木，則此香質，因爇成煙。若鼻得聞，合蒙煙氣？其煙騰空，未及遙遠，四十里內，云何已聞？是故當知，香鼻與聞，俱無處所。即嗅與香，二處虛妄，本非因緣，非自然性。

如果旃檀香味是由虛空而生，虛空本質是恆常不變，香氣由虛空生出，應該也是一直恆常存在，又何必藉著香爐來燃燒枯木才有香氣呢？如果說香氣是來自於旃檀木，那麼這個香氣的香質，因為燃燒而成為煙霧。如果鼻子聞得到香氣，代表鼻子要接觸到煙霧。而燃燒的煙霧騰空散發，範圍並沒有多遠。但是室羅筏城四十里內，為什麼大家都聞到香氣呢？所以應該知道，香氣，鼻根和能聞性，都沒有一定的處所。鼻根能嗅性和所嗅香塵，二者都是虛妄。不是因緣所生，也不是自然而生。

阿難，汝常二時，眾中持鉢，其間或遇酥酪醍醐，

136

名爲上味。於意云何？此味爲復生於空中？生於
舌中？爲生食中？阿難，若復此味生於汝舌，在
汝口中，祇有一舌，其舌爾時已成酥味，遇黑石
蜜應不推移。若不變移，不名知味。若變移者，
舌非多體，云何多味？一舌之知若生於食，食非
有識，云何自知？又食自知，即同他食，何預於
汝，名味之知？

阿難！你常常早上和中午，和比丘大眾一起托缽乞
食，有時候會遇到有人佈施酥酪醍醐這樣上等的美
味。你認爲如何呢？這個美味是虛空所生？還是由
舌頭所生？還是從食物中產生？阿難！如果這個美
味是從你的舌頭產生，在你的嘴裡只有一個舌頭，
當下舌頭成爲酥味，即使再吃到黑石蜜，應該不會
變味，但是舌頭不能變化嘗味，不應該說舌頭可以
辨知很多味道。如果舌頭品嘗的味道可以變化很多
種，舌頭並不是有很多條，爲什麼一個舌頭可以辨
別很多味道呢？如果說美味是從食物產生的，食物
是沒有意識的，怎麼知道自己要產生什麼味道呢？
又如果食物能夠自知味道，這就好像別人吃食物嚐
味一樣，和你的嚐味有什麼關係？怎麼可以說你可

以嚐知味道呢？

若生於空，汝噉虛空，當作何味？必其虛空若作鹹味，旣鹹汝舌，亦鹹汝面，則此界人同於海魚。旣常受鹹，了不知淡。若不識淡，亦不覺鹹。必無所知，云何名味？是故當知，味舌與嚐，俱無處所。即嚐與味，二俱虛妄，本非因緣，非自然性。

如果說味道是從虛空產生的，虛空應該有味道，你現在品嘗虛空，你認爲是什麼味道呢？如果虛空有味道，假設是鹹味，虛空能鹹你的舌頭，也應該能鹹你的臉，那麼這個世界的人，就和海裡的魚一樣了。既然常常在鹹味裡，當然不知道什麼是淡味，也對鹹味習慣麻木了。不覺得鹹味的存在，怎麼能說知道味道呢？所以應該知道，味道，舌根和能嚐性，都沒有一定的處所。舌根能嚐性和所嚐味塵，二者都是虛妄的，不是因緣而生，也不是自然所生。

阿難，汝常晨朝以手摩頭。於意云何？此摩所知，誰爲能觸？能爲在手？爲復在頭？若在於手，頭

則無知，云何成觸？若在於頭，手則無用，云何
名觸？若各各有，則汝阿難，應有二身。

阿難！你常常在早上時用手摩頭，你覺得如何呢？
這個摩頭產生的知覺，那一個是能觸？能觸的是
手，還是頭呢？如果能觸的是手，所觸的是頭，頭
部一無所知，怎麼能形成觸覺呢？如果說能觸的是
頭，所觸的是手，手應該沒有知覺，那不用手被觸
也不影響，這樣怎麼形成觸覺呢？如果說頭和手，
都各有覺知，那麼你阿難應該有二個身體，才能夠
手有知覺，頭也有知覺。

若頭與手一觸所生，則手與頭當為一體。若一體
者，觸則無成。若二體者，觸誰為在？在能非所，
在所非能。不應虛空與汝成觸。是故當知，覺觸
與身，俱無處所。即身與觸，二俱虛妄，本非因
緣，非自然性。

如果說頭和手，一觸的時候，二處都有知覺產生，
那麼頭和手應當是一體。如果是一體，就無法分出
能觸和所觸，不能形成觸感。如果說頭與手是二個

個體，能觸應該是在哪裡呢？如果能觸在手，就不在所觸的頭，如果能觸在頭，就不在所觸的手。但是二者都有觸感，總不是虛空和你形成觸感吧！所以應該知道，所覺的觸塵和能覺的身體，都沒有一定的處所。所以身根能覺性和所覺觸塵，二者都是虛妄不實。不是因緣而生，也不是自然所生。

阿難，汝常意中所緣善，惡，無記三性，生成法則。此法為復即心所生？為當離心，別有方所？

阿難！你常常攀緣前五意識後落謝留影，分別出善性、惡性、無記性現行，再由此三現行生成種種法塵。這意根所緣的法塵，是由你意根所生？還是離開你的意根，另外有法塵所在的地方？

阿難，若即心者，法則非塵，非心所緣，云何成處？若離於心，別有方所，則法自性，為知非知？知則名心，異汝非塵，同他心量。即汝即心，云何汝心，更二於汝？若非知者，此塵既非色聲香味離合冷煖及虛空相，當於何在？今於色空，都無表示，不應人間，更有空外。心非所緣，處從

誰立？是故當知，法則與心，俱無處所。則意與
法，二俱虛妄，本非因緣，非自然性。

阿難！如果法塵是意根所生，那麼這個法塵就不屬
於塵，就不是意根所攀緣的對象，心無所緣，怎麼
成立一個處所呢？如果說離開意根，另外有一個法
塵所在的地方，那麼法塵應該有自己的自體，那麼
法塵的自體是有知還是無知呢？如果法塵自體如果
有知，就是有情心法，就稱為心。法塵能有知，就
不是塵，就等同另一個人的心了。如果說這個有知
的法塵就是你，為什麼在你的意根外，又另外有一
個心呢？如果離開意根的法塵自體是無知的，這個
法塵既不是色聲香味觸，離合冷暖，虛空，那這個
法塵應該在什麼地方呢？現在由色相空相中，都找
不到它的所在，不可能在人間還有虛空以外的地
方。找不到所在，代表這個法塵不存在，心無所緣，
如何建立處所呢？所以應該知道，所緣的法塵和能
緣的意根，都沒有一定的處所。所緣的法塵和能緣
的意根，二者都是虛妄不實，不是因緣而生，也不
是自然所生。

渡次，阿難，云何十八界本如來藏妙眞如性？

接下來，阿難！爲什麼六根六塵六識等十八界原本就是如來藏妙眞如性呢？

阿難，如汝所明，眼色爲緣，生於眼識。此識爲渡因眼所生，以眼爲界？因色所生，以色爲界？阿難，若因眼生，旣無色空，無可分別，縱有汝識，欲將何用？汝見又非青黃赤白，無所表示，從何立界？

阿難！如你所知，眼根和色塵互爲依緣結合，產生眼識。這個眼識到底是由眼根而生，以眼睛爲界限呢？還是眼識由色塵而生，以色塵爲界限呢？阿難！如果眼識由眼根而生，就不需要色相空相，因此沒有色空可以分別，無法生識。縱然能生眼識，但無色空可分別，有識又有什麼用呢？你見到的並不是青黃赤白一般色相，是無法表示分別的色塵，眼識要怎麼建立界限呢？

若因色生，空無色時，汝識應滅，云何識知是虛

142

空性？若色變時，汝亦識其色相遷變，汝識不遷，界從何立？從變則變，界相自無。不變則恆，既從色生，應不識知虛空所在。

如果眼識由色塵而生，虛空中沒有色塵，你的眼識應該是滅絕的，那看虛空時，眼識怎麼會知道是虛空呢？如果色塵變化時，眼識也應該隨著色塵而變化，但是你的眼識可以清楚觀察到色相變化，你的眼識其實是不變的，這樣矛盾，眼識怎麼建立界限呢？如果眼識隨著色塵變化而變化，變化的眼識自然沒有界限。如果眼識不變而恆常分別色塵，但是眼識由色塵所生，自然不知虛空所在，這是與事實不符的。

若兼二種，眼色共生，合則中離，離則兩合，體性雜亂，云何成界？是故當知，眼色為緣生眼識界，三處都無。則眼與色及色界三，本非因緣，非自然性。

如果說眼識是兼由眼根和色塵兩者共同而生，那麼相合中間的界限在哪裡呢？如果把合成的眼識分

離，一部分屬於有知覺的眼根，一部分屬於無知覺的色塵。有無知覺加上根塵混合，體性雜亂，怎麼能形成眼識的界限？所以應當知道，眼根色塵為緣而生眼識之假設，現在向三處推究都無所得。眼根、色塵和眼識三者，都是幻妄相，既不是因緣所生，也不是自然而生。

阿難，又汝所明，耳聲為緣，生於耳識。此識為復因耳所生，以耳為界？因聲所生，以聲為界？阿難，若因耳生，動靜二相，既不現前，根不成知。必無所知，知尚無成，識何形貌？若取耳聞，無動靜故，聞無所成，云何耳形，雜色觸塵，名為識界？則耳識界，復從誰立？

阿難！如你所知，耳根跟聲塵互為依緣結合，產生耳識。這個耳識到底是因為耳根而生，以耳根為界限呢？還是耳識因為聲塵而生，以聲塵為界限呢？阿難！如果這個耳識是由耳根而生，如果聲塵動靜二相，沒有出現，耳根就不能形成知覺，連耳根的知覺都無法形成，那裡還能有耳識呢？如果用耳根能聞性，在沒有動靜二種聲塵時，就無法聽聞。若

144

說耳識來自有形的耳朵，耳朵屬於身根對應觸塵，耳朵混雜了被觸和耳識作用，怎麼能稱爲耳識呢？如此一來耳識界限要由誰建立呢？

若生於聲，識因聲有，則不關聞，無聞則亡聲相所在。識從聲生，許聲因聞而有聲相，聞應聞識。不聞非界，聞則同聲。識已被聞，誰知聞識？若無知者，終如草木。不應聲聞，雜成中界。界無中位，則內外相渡從何成？是故當知，耳聲爲緣生耳識界，三處都無。則耳與聲及聲界三，本非因緣，非自然性。

如果耳識是來自於聲塵，耳識是因爲聲塵才有，則耳識就和耳根能聞性無關，沒有能聞性就不會有聲相存在。如果耳識由聲塵而生，由於聲相是因聽聞而有，那麼聽聞到聲相時也應該同時聽聞到耳識。如果聽聞聲相時卻沒有聽到耳識，這個聲音就不是在耳識界限內了。如果聽到聲音而同時聽到耳識，表示耳識等同於聲塵，現在耳識被聽聞，那誰來知覺耳識呢？如果聽聞聲音卻無知耳識，最後就如同草木一樣。不應該說聲塵和能聞性夾雜而產生耳識

在其中形成界限,而耳識界沒有中位,就沒辦法分別內在能聞耳根和外在所聞聲塵。所以應該知道,能聽聞的耳根和被聽聞的聲塵二者互為依緣,產生耳識界。這三者都無一定處所,耳根,聲塵和耳識界三者,都是虛妄相,既不是因緣所生,也不是自然而生。

阿難,又汝所明,鼻香為緣,生於鼻識。此識為復因鼻所生,以鼻為界?因香所生,以香為界?阿難,若因鼻生,則汝心中,以何為鼻?為取肉形雙爪之相?為取嗅知動搖之性?若取肉形,肉質乃身,身知即觸,名身非鼻,名觸即塵。鼻尚無名,云何立界?若取嗅知,又汝心中以何為知?以肉為知,則肉之知,元觸非鼻。以空為知,空則自知,肉應非覺。如是則應虛空是汝,汝身非知。今日阿難應無所在。

阿難,如你所知,鼻根跟香塵互為依緣結合,產生鼻識。這個鼻識到底是由鼻根所生,以鼻根為界限呢?還是由香氣而生,以香氣為界呢?阿難!如果鼻識是由鼻根生出,那你心中認為什麼是鼻根呢?

146

是像雙爪形狀的肉鼻呢？還是能嗅聞香臭知覺氣味變化的能嗅性呢？如果鼻根是雙爪形狀的肉鼻，肉鼻屬於身根，身根對應觸塵，所以肉鼻是身根不是鼻根，對應觸塵而不是香塵。連鼻根都不是，怎麼建立鼻識界限呢？如果以能嗅性為鼻根，那再問你認為用什麼來知覺氣味？如果是用肉鼻來知覺，肉鼻屬身根對應觸覺，不能用肉鼻來做氣味感知。如果是靠近鼻孔的虛空能覺知氣味，虛空覺知氣味，你的肉鼻應該就沒有感覺。如此虛空都應該是你，而你的身體對氣味完全無知。虛空沒有實體，那麼阿難你也就無所存在了。

以香為知，知自屬香，何預於汝？若香臭氣，必生汝鼻，則波香臭二種流氣，不生伊蘭及栴檀木。二物不來，汝自嗅鼻，為香為臭？臭則非香，香則非臭。若香臭二俱能聞者，則汝一人應有兩鼻。對我問道有二阿難，誰為汝體？若鼻是一，香臭無二，臭既為香，香復成臭，二性不有，界從誰立？

如果是香塵能覺知氣味，那麼香塵自己覺知氣味，

跟你有什麼關係呢？如果你的鼻子能產生香氣和臭氣，那麼香味和臭味二種氣味，就不會從旃檀木和伊蘭樹產生。當沒有這二種氣味時，你自己聞聞看你自己的鼻子，看看到底是香還是臭？如果是香味就不會有臭味，如果是臭味就不會有香味。如果香味臭味二種氣味同時可以聞到，那麼你一個人應該有二個鼻子。現在對著我請問佛法的，應該有二個阿難，哪一個是你真正的本體呢？如果說只有一個鼻子，香味和臭味只能產生一個，臭氣變成香氣，香氣變成臭氣。二者失去本性，由誰來建立鼻識界限呢？

若因香生，識因香有。如眼有見，不能觀眼。因香有故，應不知香。知即非生，不知非識。香非知有，香界不成。識不知香，因界則非從香建立。既無中間，不成內外。彼諸聞性，畢竟虛空。是故當知，鼻香為緣生鼻識界，三處都無。則鼻與香及香界三，本非因緣，非自然性。

如果鼻識是由香塵產生，鼻識因香塵而有，就好像眼根有能見性可以看見色塵，但是眼根沒辦法看見

148

自己。而香氣生出鼻識，鼻識應該沒辦法聞香氣。如果鼻識能夠嗅知香味就證明鼻識不是由香氣所生。但是如果不知道香氣就不能叫作鼻識。香氣不靠鼻識覺知，就不知道有香氣，鼻識界就不能建立。鼻識如果不能覺知香氣，所立之界就不是鼻識界，也無法由香味建立鼻識界了。既然沒有中間的鼻識界可得，就不能成立內在的鼻根和外在之味塵。這個能聞性，畢竟是虛妄不實。所以應該知道，能嗅聞的鼻根和被嗅聞的味塵二者互為依緣，產生鼻識界。這三者都無一定處所，鼻根，味塵和鼻識三者，都是幻妄相，既不是因緣所生，也不是自然而生。

阿難，又汝所明，舌味為緣，生於舌識。此識為復因舌所生，以舌為界？因味所生，以味為界？阿難，若因舌生，則諸世間甘蔗，烏梅，黃連，石鹽，細辛，薑，桂，都無有味。汝自嘗舌，為甜為苦？若舌性苦，誰來嘗舌？舌不自嘗，孰為知覺？舌性非苦，味自不生，云何立界？

阿難！就如你所知，舌根跟味塵互為依緣結合，產生舌識。這個舌識到底是因為舌根而生，以舌根為

界限呢？還是因爲味道而產生，以味道爲界限呢？阿難！如果舌識是由舌根而生出，那麼世間的甘蔗，烏梅，黃連，石鹽，細辛，生薑，玉桂等等都沒有味道了。你嚐嚐自己的舌頭，味道是甜還是苦？如果舌頭本身的味性是苦的，那麼由誰來嘗舌頭而知道是苦的呢？舌頭沒辦法自己品嚐自己，由誰來覺知味道呢？如果舌頭的味性不是苦的，沒有味道，如何建立舌識界？

若因味生，識自爲味，同於舌根，應不自嘗，云何識知是味非味？又一切味，非一物生，味既多生，識應多體。識體若一，體必味生，鹹淡甘辛，和合俱生，諸變異相，同爲一味，應無分別。分別既無，則不名識，云何復名舌味識界？不應虛空，生汝心識。

如果說舌識因爲味塵而生，那麼舌識就變成了味塵，和舌根一樣，味塵無法自己嚐自己，怎麼能覺知有味或無味呢？而味塵有酸甜苦辣很多種，不是同一物所生，味塵既然能生舌識，那麼舌識應該有很多個本體了。如果舌識只有一個，體性由味塵產

生，它一定是從鹹淡甘辛等等味道混成一味而生。如此對所有各種不同的滋味品嚐，不管你嚐什麼都是一個味道，對於酸甜苦辣等等味道當然也無法分辨了。既然無法分別味道，那就不能稱為舌識，那怎麼能說味塵生出舌識界呢？舌識既不是舌根所生，又不是味塵所生，總不能說是虛空能生出你的舌識。

舌味和合，即於是中，元無自性，云何界生？是故當知，舌味為緣生舌識界，三處都無。則舌與味及舌界三，本非因緣，非自然性。

舌根和味塵和合產生舌識，舌根為能知性，味塵為無知體，和合一起體性紛亂，舌識是沒有自體性的，如何產生舌識界？所以應該知道，舌根和味塵互相為緣，產生舌識界，三處都是虛妄。舌根，味塵及舌識界三者都非因緣所生，也不是自然而有。

阿難，又汝所明，身觸為緣，生於身識。此識為復因身所生，以身為界？因觸所生，以觸為界？阿難，若因身生，必無合離二覺觀緣，身何所識？

若因觸生，必無汝身，誰有非身知合離者？

阿難，如你所知，身根和觸塵互為依緣結合，產生身識。這個身識到底是因為身根所生，以身根為界限呢？還是因為觸塵而生，以觸塵為界呢？阿難！如果說身識是因為身根而生，那就不需要接觸或分離二種助緣，但是沒有觸塵，身根要識別什麼來建立身識界呢？如果身識是由觸塵所生，那麼身識的產生就不需要你的身根，但是有誰能不用身根感受到接觸或分離的觸覺呢？

阿難，物不觸知，身知有觸。知身即觸，知觸即身。即觸非身，即身非觸。身觸二相，元無處所。合身即為身自體性，離身即是虛空等相。內外不成，中云何立？中不復立，內外性空，則汝識生，從誰立界？是故當知，身觸為緣生身識界，三處都無。則身與觸及身界三，本非因緣，非自然性。

阿難！物體塵境沒有感知觸覺的功能，只有身根才能覺知觸感。身根和觸塵和合，感知身根是因為有觸塵，知道觸塵是因為有身根，二者同時都是能觸

所觸,但觸塵不是身根,身根不是觸塵。身根和觸塵二者,本來就沒有一定處所。觸塵只要一接觸身根,身根感知到觸塵,就成為身體的一部分。觸塵離開身根就是和虛空一樣的體性。內部身根和外部觸塵不能成立,怎麼建立中間所生的身識呢?中間所生的身識不成立,內外根塵空無自性,那麼你的身識生起,要怎麼建立身識界呢?所以應該知道,身根和觸塵互相為緣而產生身識界,身根、觸塵及身識界三者都是空無。本來就不是因緣所生,也不是自然而有。

阿難,又汝所明,意法為緣,生於意識。此識為復因意所生,以意為界?因法所生,以法為界?阿難,若因意生,於汝意中,必有所思,發明汝意。若無前法,意無所生。離緣無形,識將何用?又汝識心與諸思量兼了別性,為同為異?同意即意,云何所生?異意不同,應無所識。若無所識,云何意生?若有所識,云何識意?唯同與異,二性無成,界云何立?

阿難!又如你所知,意根和法塵互相為依緣結合,

產生意識，這個意識是因為意根所生，以意根為界限？還是因為法塵所生，以法塵為界限呢？如果意識是由意根而生，你的意根必定要有個可思的念頭，才能產生你的意識。如果沒有前五識落謝的留影法塵，能思的意根無從可生。意根離開所緣法塵無法形成，根塵雙泯，意識如何作用呢？又你第六意識的意識心和第七意識能作一切思量的意根，同樣具有分別的功能，請問意識和意根是相同呢？還是不同呢？如果是相同，那麼意識心就是意根。為什麼這個意識心，又是意根所生呢？如果意識心和意根不同，意根能思量，則意識心像外塵一樣無知覺，如果無所識，怎麼能說意識由意根所生？如果意識心有所識，就和意根一樣都能思量，但是二者相同，如何來確認真正的意識？因此無論意識和意根相同或不同，二者性質分不清楚，這中間的意識界又從哪裡建立呢？

若因法生，世間諸法，不離五塵，汝觀色法及諸聲法，香法，味法及與觸法，相狀分明，以對五根，非意所攝。汝識決定依於法生，今汝諦觀，法法何狀？若離色空，動靜，通塞，合離，生滅，

越此諸相，終無所得。生則色空諸法等生，滅則色空諸法等滅。所因既無，因生有識，作何形相？相狀不有，界云何生？是故當知，意法為緣生意識界，三處都無。則意與法及意界三，本非因緣，非自然性。

如果說意識是由法塵而生，則世間諸法都不離色聲香味觸等五塵。你觀察色法、聲法、香法、味法和觸法，都是形相狀態能緣所緣清楚分明，五塵對應五根，但都不是意根所攝入的範圍。如果你的意識是依於法塵而生，那麼你仔細觀察，法塵長得是什麼形狀？如果離開了色空、動靜、通塞、合離、生滅等等六塵形相，法塵是無一物可得。法塵產生是隨著色空諸塵一起生，如形生影生。法塵消滅是隨著色空諸塵一起滅，如形滅影滅。所因循的法塵既無自體，那麼因它而生的意識，又是什麼形像呢？既然連形狀都沒有，法塵如何建立意識界？因此應當知道，意根法塵互為依緣結合，生出意識，三處都是空無自性。意根，法塵以及意識三者，本來就不是因緣生，也不是自然而有。

阿難白佛言：世尊，如來常說和合因緣，一切世間種種變化，皆因四大和合發明。云何如來，因緣自然，二俱排擯？我今不知斯義所屬，惟垂哀愍，開示眾生中道了義，無戲論法。

阿難告訴佛陀說：世尊！您時常說因緣和合，一切世上種種變化，都是由地水火風四大元素假和合而發生。為什麼世尊現在要將因緣性和自然性二者都擯棄？我現在不知道真正的意義是什麼，惟願世尊哀憫，開示我等眾生，中道了義無戲論的道理。

爾時，世尊告阿難言：汝先厭離聲聞緣覺諸小乘法，發心勤求無上菩提。故我今時為汝開示第一義諦。如何復將世間戲論，妄想因緣而自纏繞。汝雖多聞，如說藥人，真藥現前，不能分別。如來說為真可憐愍。汝今諦聽，吾當為汝分別開示，亦令當來修大乘者通達實相。阿難默然，承佛聖旨。

這時佛陀告訴阿難：你要先厭離聲聞緣覺種種小乘法門，才能發心勤求無上菩提。所以我現在，是為

156

你開示最究竟的第一義諦。你怎麼還把不究竟世間的戲論，妄想因緣，攬回來纏繞自己呢？你雖然多聞，但是就像一個只懂藥名的人，真的藥材出現在眼前，卻無法分別。如來說你們真的是可憐，你現在仔細聽，我要為你詳細分別開示，也讓將來修行大乘法門的人，理解通達實相真理。阿難沉默不語，恭敬的聽聞佛陀開示。

阿難，如汝所言，四大和合發明世間種種變化。阿難，若彼大性，體非和合，則不能與諸大雜和。猶如虛空，不和諸色。若和合者，同於變化。始終相成，生滅相續。生死死生，生生死死，如旋火輪，未有休息。阿難，如水成冰，冰還成水。

阿難！像你所說的由地水火風四大和合，發生了世上種種變化。阿難！如果這些元素的本質，體性是不和合的，就不能和其他的元素和合。好像虛空，不會和種種的色相和合。如果元素的本性是可以和合，那就有生滅變化，始終交互成就，生滅相續不斷，生了又死，死了又生，生生死死，如旋轉的火輪，永無休止。阿難！這個就好像是水會變成冰，

冰又化成水一樣。

汝觀地性，麤爲大地，細爲微塵，至鄰虛塵，析彼極微，色邊際相，七分所成，更析鄰虛，即實空性。阿難，若此鄰虛，析成虛空，當知虛空，出生色相。汝今問言：由和合故，出生世間諸變化相。汝且觀此一鄰虛塵，用幾虛空和合而有？不應鄰虛合成鄰虛。又鄰虛塵析入空者，用幾色相合成虛空？

你觀察地大元素的特性，粗糙的是大地，細微的就是微塵，將微塵分七份而成極微塵，極微塵再分七份是鄰虛塵，它是地大元素最小的組成，是色相的臨界邊際相。鄰虛塵再解析下去，就是實際的虛空。阿難！如果這個鄰虛塵，再解析就變成虛空。應當可以反推虛空可以生出色相了。你現在說，因爲和合的緣故，產生世間種種變化相。你觀察這個鄰虛塵，要用多少虛空來和合成鄰虛塵呢？總不該說是鄰虛塵可以和合成鄰虛塵吧？另外鄰虛塵解析到最後變成虛空，表示色相帶有虛空成分，那麼要用多少帶有虛空成分的色相能夠和合成目前這個虛空

158

呢？

若色合時，合色非空。若空合時，合空非色。色
猶可析，空云何合？汝元不知如來藏中，性色眞
空，性空眞色，清淨本然，周遍法界。隨眾生心，
應所知量，循業發現。世間無知，惑為因緣及自
然性，皆是識心分別計度，但有言說，都無實義。

如果色相和合色相，和合後還是色相絕不是虛空。
如果虛空和合虛空，和合後還是虛空絕不是色相。
色相還可以分析，虛空無形無相怎麼去談和合呢？
你還不知道，在如來藏性中，性現之色是本體眞空，
不是析空，是當體即空，而眞空起用可以顯現眞體
之色。眞如諸法清淨本來就是畢竟空，不落有無，
如來藏眞空眞色盡虛空遍法界，隨順眾生心識，因
應眾生所知之量，依循每個眾生的業力顯發其對應
之境界。世間無知眾生，迷惑以為一切是因緣而生，
或是自然無因而有，這都是第六意識虛妄心，無謂
的分別計度，任何言語都是不究竟的戲論，完全不
通達實相的意義。

阿難，火性無我，寄於諸緣。汝觀城中未食之家，
欲炊爨時，手執陽燧。日前求火。

阿難！火是沒有自體性的，它的存在是寄託於生火
的眾緣。你看城裏還沒用餐的家庭，他們要煮飯時，
一手拿銅製凹鏡，一手拿艾草，在太陽光下生火。

阿難，名和合者，如我與汝一千二百五十比丘，
今為一眾。眾雖為一，詰其根本，各各有身，皆
有所生氏族名字，如舍利弗婆羅門種，優樓頻螺
迦葉波種，乃至阿難瞿曇種姓。

阿難！所謂和合，好像我，你和一千二百五十比丘，
現在組成一個僧團。僧團雖然是一個，但追究它的
根本，各自有不同的身體，各自有不同姓氏、種族
和名字，如舍利弗是婆羅門種，優樓頻螺是迦葉波
種，乃至阿難是瞿曇種姓。

阿難，若此火性，因和合有。波手執鏡於日求火。
此火為從鏡中而出？為從艾出？為於日來？阿
難，若日來者，自能燒汝手中之艾，來處林木皆

應受焚。若鏡中出，自能於鏡出然於艾，鏡何不鎔？紆汝手執尚無熱相，云何融泮？若生於艾，何藉日鏡，光明相接，然後火生？汝又諦觀，鏡因手執，日從天來，艾本地生，火從何方遊歷於此？日鏡相遠，非和非合，不應火光，無從自有。

阿難！如果這個火是因為和合而有。那麼當手上拿著銅鏡在太陽底下取火時，這個火是從銅鏡中出來呢？還是從艾草中出來？還是從太陽光出來？阿難！如果火是從太陽光出來，太陽就能直接燃燒你手上的艾草，火從太陽光來，那太陽光所照射的樹林應該也被火燒。如果火是從銅鏡出來，自然能看見銅鏡發出火焰來燃燒艾草。另外銅鏡有火，為什麼銅鏡沒有被燒熔？另外你手拿銅鏡，都沒有感覺銅鏡有熱度，銅鏡怎麼會被燒熔呢？如果火是從艾草生出來的，那為什麼還需要太陽和銅鏡配合來生火呢？你再仔細觀察，銅鏡是用手拿，太陽光從天上來，艾草是由地上生出，那麼火是從那裡發出來的呢？太陽和銅鏡距離太遠，沒有任何和合作用，總不應該說火是沒有原因而自己發出來的吧。

汝猶不知如來藏中，性火眞空，性空眞火，淸淨
本然，周遍法界，隨衆生心，應所知量。阿難，
當知世人一處執鏡，一處火生。遍法界執，滿世
間起。起遍世間，寧有方所？循業發現。世間無
知，惑爲因緣及自然性。皆是識心分別計度，但
有言說，都無實義。

你還不知道，在如來藏性中，性現之火是本體眞空，
不是析空，是當體即空，而眞空起用可以顯現眞體
之火。眞如諸法淸淨本來就是畢竟空，不落有無，
如來藏眞空眞火盡虛空遍法界，隨順衆生心識，因
應衆生所知之量，隨緣顯現其用，滿足衆生。阿難！
應該知道世人，只要在一處使用銅鏡，就有一處起
火。遍滿法界，到處有人使用銅鏡，就遍滿法界處
處起火。火大遍滿法界，起火沒有一定的處所，依
循每個衆生的業力顯發其對應之境界。世間無知衆
生，迷惑以爲一切是因緣而生，或是自然無因而有，
這都是第六意識虛妄心，無謂的分別計度，任何言
語都是不究竟的戲論，完全不通達實相的意義。

阿難，水性不定，流息無恒。如室羅城迦毗羅仙，

斫迦羅仙及砵頭摩訶薩多等諸大幻師，求太陰精
用和幻藥。是諸師等於白月晝，手執方諸承月中
水。此水爲復從珠中出？空中自有？爲從月來？
阿難，若從月來，尚能遠方令珠出水，所經林木，
皆應吐流。流則何待方諸所出？不流，明水非從
月降。若從珠出，則此珠中常應流水，何待中宵
承白月晝？若從空生，空性無邊，水當無際，從
人洎天，皆同滔溺。云何復有水陸空行？

阿難！水性不是固定的，流動或停息都沒有一定。
在室羅筏城裏，迦毗羅仙，斫迦羅仙，砵頭摩和訶
薩多等等大幻術師，求取月中水來配製迷幻藥。這
些大幻術師，在農曆十五日前的午夜，手上拿著五
方石製成的取水珠，在月亮下承接月中水。這個水
是從珠子裏流出來的？還是虛空中生出來的？還是
從月亮來的呢？阿難！如果水是從月亮來的，月亮
能讓遙遠的取水珠出水，那麼月光照到的樹林，應
該也會出水，如果樹林會出水，那何必等到取水珠
出水呢？如果樹林不出水，那就明白出水並不是由
月亮降下來的。如果說水是由取水珠流出，那麼這
個取水珠應該就常常流水，爲什麼還要等到午夜來

承接月中水呢？如果說水是從虛空中來的，虛空無邊無際，出水也應該無邊無際，那麼由人間到天界，全部都一起淹在滔滔大水中，怎麼還有水陸空的分別呢？

汝更諦觀，月從天陟，珠因手持，承珠水盤本人敷設，水從何方流注於此？月珠相遠，非和非合，不應水精，無從自有。

你再詳細觀察，月亮是在天空升起，取水珠是由人拿在手裡，裝珠子的水盤是由幻術師自己擺設的，月中水是從哪裡流到這裡來的呢？月亮和取水珠距離太遠，無法有和合作用。總不應該說月中水是沒有原因而自己流出來的吧。

汝尚不知，如來藏中，性水真空，性空真水，清淨本然，周遍法界。隨眾生心，應所知量。一處執珠，一處水出。遍法界執，滿法界生。生滿世間，寧有方所？循業發現。世間無知，惑為因緣及自然性。皆是識心分別計度，但有言說，都無實義。

164

你還不知道，在如來藏性中，性現之水是本體眞空，不是析空，是當體即空，而眞空起用可以顯現眞體之水。眞如諸法清淨本來就是畢竟空，不落有無，如來藏眞空眞水盡虛空遍法界，隨順眾生心識，因應眾生所知之量，隨緣顯現其用，滿足眾生。只要有一處使用取水珠，就有一處生水。遍滿法界有人使用取水珠，就遍滿法界處處生水，水大遍滿法界，出水沒有一定的處所，依循每個眾生的業力顯發其對應之境界。世間無知眾生，迷惑以爲一切是因緣而生，或是自然無因而有，這都是第六意識虛妄心，無謂的分別計度，任何言語都是不究竟的戲論，完全不通達實相的意義。

阿難，風性無體，動靜不常。汝常整衣，入於大眾，僧伽梨角動及傍人，則有微風拂波人面。此風爲復出袈裟角？發於虛空？生波人面？阿難，此風若復出袈裟角，汝乃披風，其衣飛搖，應離汝體。我今說法，會中垂衣。汝看我衣，風何所在？不應衣中有藏風地。若生虛空，汝衣不動，何因無拂？空性常住，風應常生。若無風時，虛空當滅。滅風可見，滅空何狀？若有生滅，不名

虛空。名為虛空，云何風出？若風自生被拂之面，從汝面生，當應拂汝。自汝整衣，云何倒拂？

阿難！風沒有自體性，動或靜不是常態的。你整理袈裟走入群眾時，袈裟衣一角揮到其他人時，別人的臉上就感覺有微風吹拂。這個微風是從袈裟衣角生出來的？還是從虛空出來的？還是從那個人的臉上生出來的？阿難！如果這個微風是出自你的袈裟衣角，袈裟自己能生風，你穿袈裟的時候，袈裟自己就會飛動飄搖，甚至飛離你的身體。現在我在法會說法，袈裟是垂下的，你看我的袈裟，哪裡有風存在？也不可能在袈裟裡面，另外有可以藏風的地方。如果風是由虛空生出，你袈裟不動時，為什麼沒有虛空生風來拂動袈裟呢？而且虛空常住不變，風應該常常被生出來。如果無風時，虛空應該是被滅絕的。無風的現象可以理解，虛空被滅絕是什麼狀況呢？如果有生滅，就不能被叫做虛空。虛空就是因為空無而被稱為虛空，怎麼會有風從虛空中生出來呢？如果風是從被袈裟揮動的人臉上生出來的，從他的臉上生出風，應該會吹到你。你自己整理袈裟揮動到別人，怎麼會倒過來被風吹呢？

汝審諦觀，整衣在汝，面屬彼人，虛空寂然，不曾流動，風自誰方鼓動來此？風空性隔，非和非合，不應風性，無從自有。汝宛不知如來藏中，性風真空，性空真風，清淨本然，周遍法界，隨眾生心，應所知量。阿難，如汝一人微動服衣，有微風出。遍法界拂，滿國土生，周遍世間，寧有方所？循業發現。世間無知，惑為因緣及自然性。皆是識心分別計度，但有言說，都無實義。

你仔細的觀察，整理袈裟的是你，臉是屬於別人的，虛空寂靜自然，不曾流動，那麼這個風到底是從哪裡來這裡吹的呢？風性是動，空性是靜，動靜體性有差異，無法有和合之相。總不能說風起是沒有原因，是自然而有的。你還不知道，在如來藏性中，性現之風是本體真空，不是析空，是當體即空，而真空起用可以顯現真體之風。真如諸法清淨本來就是畢竟空，不落有無，如來藏真空真風盡虛空遍法界，隨順眾生心識，因應眾生所知之量，隨緣顯現其用，滿足眾生。阿難！就好像你一人搖動你的袈裟，就有微風吹出。如果遍法界的人都搖動衣服，整個世界就都有風生起，風大周遍法界，風起沒有

一定的處所，只是依循每個眾生的業力顯發其對應之境界。世間無知眾生，迷惑以爲一切是因緣而生，或是自然無因而有，這都是第六意識虛妄心，無謂的分別計度，任何言語都是不究竟的戲論，完全不通達實相的意義。

阿難，空性無形，因色顯發。如室羅城去河遙處，諸刹利種及婆羅門，毗舍，首陀兼頗羅墮，旃陀羅等新立安居，鑿井求水。出土一尺，於中則有一尺虛空。如是乃至出土一丈，中間還得一丈虛空。虛空淺深，隨出多少。此空爲當因土所出？因鑿所有？無因自生？

阿難，空沒有形狀，是透過對比色相來被彰顯發現。例如室羅閥城，有距離恆河比較遠的地方，種種眾生包含王族和地主，清淨修行者，商人，農夫，技藝百工和屠夫賤民等等，新建住所時，必須鑿井取水。鑿井挖出一尺深的土，地下就有一尺深的虛空。像這樣到挖出一丈深的泥土，地下就有一丈深的虛空。虛空的深淺，是隨著挖出泥土的多少而變化。這個虛空是因爲挖出泥土而生？還是因爲挖掘而

有？還是沒有原因自己生成的呢？

阿難，若復此空，無因自生，未鑿土前，何不無
礙？唯見大地，迥無通達。若因土出，則土出時，
應見空入。若土先出，無空入者，云何虛空因土
而出？若無出入，則應空土元無異因。無異則同，
則土出時，空何不出？若因鑿出，則鑿出空，應
非出土。不因鑿出，鑿自出土，云何見空？

阿難！如果這個虛空是沒有原因自己生出來的，那
麼在沒挖土前，怎麼這塊地不生出虛空呢？這塊地
一直都是硬實而不通透的。如果虛空是因為挖出泥
土而有，那麼在泥土挖出時，應該可以看見虛空進
入地下。如果泥土挖出但是沒看見虛空進入地下，
怎麼可以說虛空因為泥土挖出而生出來呢？如果虛
空沒有出或入，表示虛空和泥土都在同一個地方，
是一體沒有差異，那麼挖泥土出來時，為什麼虛空
不一起出來呢？如果說虛空是因為挖掘而生出，那
麼挖掘出來的應該是虛空，而不是泥土，而虛空不
是因為挖掘而出來，挖掘是挖出泥土，為什麼要說
虛空是由挖掘而生出來呢？

汝更審諦，諦審諦觀：鑿從人手，隨方運轉，土因地移，如是虛空，因何所出？鑿空虛實，不相為用，非和非合，不應虛空，無從自出。若此虛空，性圓周遍，本不動搖。當知現前地水火風，均名五大，性真圓融，皆如來藏，本無生滅。阿難。汝心昏迷，不悟四大元如來藏，當觀虛空，為出為入？為非出入？

你再仔細的觀察，鏟子是在人的手上，隨意運轉方向挖土。泥土是在地下被移動挖出來，這個虛空到底是從哪裡出來的呢？挖土有實相，虛空沒有體性，兩者不能相互作用，也無法有和合之相。總不應該說虛空是沒有原因，自然而有。如果這個虛空是圓滿十方，周遍法界，原本就不動不搖。應該知道虛空和之前說的地水火風同時稱為五大，其性為真，圓融無礙，皆是如來藏妙真如性，不生不滅。阿難！你心識迷惑，不明白四大原是如來藏性。你應該觀察挖掘時的虛空，是出還是入？還是沒有出入？

汝全不知如來藏中，性覺真空，性空真覺，清淨

本然，周遍法界。隨眾生心，應所知量。阿難，如一井空，空生一井。十方虛空，亦復如是。圓滿十方，寧有方所？循業發現。世間無知，惑為因緣及自然性。皆是識心分別計度，但有言說，都無實義。

你還不知道，在如來藏性中，性現之覺是本體真空，當體即空，而真空起用可以顯現真體之覺。真如諸法清淨本來就是畢竟空，不落有無，如來藏真空真覺盡虛空遍法界，隨順眾生心識，因應眾生所知之量，隨緣顯現其用，滿足眾生。阿難！好像挖空一口井的泥土，虛空就產生在這一井之中。在十方虛空挖井，也是一樣。虛空圓滿十方，現空沒有一定的處所。只是因循著每個眾生的業力顯發其對應之境界。世間無知眾生，迷惑以為一切是因緣而生，或是自然無因而有，這都是第六意識虛妄心，無謂的分別計度，任何言語都是不究竟的戲論，完全不通達實相的意義。

（如來藏性具有寂照二義，寂是體，照是用，空是寂義，覺是照義。虛空無知覺，只能說是頑空，而頑空的自性是如來藏性。此覺性即是虛空本體，虛

空依此覺性而生。）

阿難，見覺無知，因色空有。如汝今者，在祇陀林，朝明夕昏，設居中宵，白月則光，黑月便暗。則明暗等，因見分析。此見爲復與明暗相幷太虛空爲同一體？爲非一體？或同非同？或異非異？

阿難！見性沒有分別或認知，是因爲有了色相空相才有知覺。像你現在在祇陀林中，看見白天明亮，夜晚昏暗。在半夜如果滿月，夜晚就比較明亮，其它的夜晚就比較昏暗。有了明暗等等色相，你的見性才能分別是明是暗。這個見性和明暗相和虛空是同一體嗎？還是不同體？還是有些相同有些不同？還是有些相異有些不相異？

阿難，此見若復與明與暗及與虛空元一體者，則明與暗二體相亡。暗時無明，明時無暗。若與暗一，明則見亡，必一於明，暗時當滅，滅則云何見明見暗？若明暗殊，見無生滅，一云何成？若此見精與暗與明非一體者，汝離明暗及與虛空，分析見元，作何形相？離明離暗及離虛空，是見

元同龜毛兔角。明暗虛空，三事俱異，從何立見？明暗相背，云何或同？離三元無，云何或異？分空分見，本無邊畔，云何非同？見暗見明，性非遷改，云何非異？

阿難！如果這個見性和光明黑暗及虛空是同一體的，那麼光明黑暗這二種體性因爲是對立所以就滅亡了。黑暗時沒有光明，光明時沒有黑暗。如果見性和黑暗是一體，則光明時沒有見性，如何看見光明呢？如果見性和光明同一體，則黑暗時就沒有見性，沒有見性如何看見黑暗呢？光明黑暗是有相對，有生滅的，見性不生不滅，怎麼能成爲一體？如果見性與黑暗光明不是一體的，那麼你離開了光明黑暗以及虛空等相，單獨分析見性本體，它是什麼形相呢？見性離塵無體，離開明暗色空等等塵境，見性沒有自體，就好像是龜毛兔角不存在的。光明、黑暗、虛空這三者性質是相異的，從哪裡建立見性呢？光明黑暗互相背離，怎麼能說和見性相同？而見性離開明暗和虛空三者後沒有自體，又怎麼能說它們相異呢？要把虛空和見性做分別，但是兩者都是無邊際界限的，又怎麼能說見性和虛空不

同？看見黑暗和光明是生滅性的，但是見性從來就
沒有變遷，怎麼能說他們沒有不同呢？

汝更細審，微細審詳，審諦審觀：明從太陽，暗
隨黑月，通屬虛空，壅歸大地，如是見精，因何
所出？見覺空頑，非和非合，不應見精，無從自
出。若見聞知，性圓周遍，本不動搖，當知無邊
不動虛空并其動搖地水火風，均名六大，性真圓
融，皆如來藏，本無生滅。

你再更詳細的觀察，光明由太陽來，黑暗伴隨月亮
而來，通透屬於虛空，擁塞屬於大地，而這個見性，
是從哪裡來的呢？見性能知覺，虛空無知覺，二者
無法有和合相。總不能說見性是沒有原因，自然就
有的。見聽嗅嘗覺知這六精之性，圓融無礙周遍法
界，原本就不動不搖，不生不滅。六精加上無邊際
不搖動的虛空，和變動的地火水風四大，稱名為六
大。體性真實圓融，都是如來藏性，本無生滅。

阿難，汝性沉淪，不悟汝之見聞覺知，本如來藏。
汝當觀此見聞覺知，為生為滅？為同為異？為非

生滅？爲非同異？

阿難！你還沉淪在迷悟，因緣，自然等等意識，不頓悟自己的見聽嗅嘗覺知性，本來就是如來藏性。你應該觀察這個見聽嗅嘗覺知六性是生？是滅？和前五大比較是同？是異？是不生？不滅？還是不同？不異？

（證悟如來藏性，就沒有所謂的生滅、同異、非生非滅、非同非異，完全沒有，這個就是究竟義。妙眞如性的不可以說是生，不可以講滅；不可以說是同，也不能說是異；不可以講它非生滅；也不可以說它非同非異，全部都是戲論！）

汝曾不知，如來藏中，性見覺明，覺精明見，淸淨本然，周遍法界。隨眾生心，應所知量。如一見根，見周法界。聽，嗅，嘗，觸，覺觸，覺知，妙德瑩然，遍周法界。圓滿十虛，寧有方所？循業發現。世間無知，惑爲因緣及自然性。皆是識心分別計度，但有言說，都無實義。

你還不知道，在如來藏性中，性具之見性就是覺體

之本明，不加思索、不加造作的明，眞覺之見精就是妙明之眞見，眞如諸法清淨本來就是畢竟空，不落有無，如來藏眞空眞見盡虛空遍法界，隨順眾生心識，因應眾生所知之量，隨緣顯現其用，滿足眾生。譬如眼根的見性，周遍法界，包括聽嗅嘗覺知，都具備妙用之德性，好像寶玉瑩光皎潔，遍周法界。圓滿十方。見性沒有一定的處所，只是因循著每個眾生的業力顯發其對應之境界。世間無知眾生，迷惑以爲一切是因緣而生，或是自然無因而有，這都是第六意識虛妄心，無謂的分別計度，任何言語都是不究竟的戲論，完全不通達實相的意義。

阿難，識性無源，因於六種根塵妄出。汝今遍觀此會聖眾，用目循歷。其目周視，但如鏡中，無別分析。汝識於中，次第標指，此是文殊，此富樓那，此目犍連，此須菩提，此舍利弗，此識了知，爲生於見？爲生於相？爲生虛空？爲無所因，突然而出？

阿難！識性沒有根源，由六根對六塵現虛妄相，才有分別之識。你現在觀看法會群眾，用眼睛依照順

序去看，在眼睛看的時候，就如同鏡子一樣忠實反映影像，沒有任何分別分析的念頭。而你的眼識會隨著眼根，次第分別標示色相，指出這是文殊師利，這是富樓那，這是目犍連，這是須菩提，這是舍利弗。這個能分別了知的眼識，是由能見之眼根所生出？還是由所見之色相所生出？還是由虛空所生出？還是沒有任何原因，突然生出呢？

阿難，若汝識性，生於見中，如無明暗及與色空，四種必無，元無汝見，見性尚無，從何發識？若汝識性，生於相中，不從見生，既不見明，亦不見暗，明暗不矚，即無色空，彼相尚無，識從何發？若生於空，非相非見，非見無辨，自不能知明暗色空。非相滅緣，見聞覺知，無處安立。處此二非，空則同無，有非同物，縱發汝識，欲何分別？若無所因，突然而出，何不日中，別識明月？

阿難！如果說你的眼識是由眼根所生，那麼如果沒有明暗色空等等色塵，你的見性無法呈現。連見性都沒有，從哪裡發出眼識呢？如果你的眼識是由色

相所生出，因為不是從見根生出，所以和見根無關，就沒辦法看見光明，也看不見黑暗，明暗都看不見，也看不見色相空相。連明暗色空種種相都沒有，眼識從哪裡發出？如果說眼識由虛空中生出，和色相無關也和見根無關，沒有見根則無法分辨色相，自然不知道明暗色空。沒有色相就沒有形象，能見沒有所緣。見聞覺知離塵無根，沒有地方立足。處在非見根非色相中，虛空等同於沒有，要如何生眼識呢？如果強說虛空是有，虛空又不同於物質，縱使虛空發出眼識，沒有色塵，要怎麼分別呢？如果說眼識是無因而生，突然出現，那為什麼不在白天日正當中時，突然生出讓你看見月亮的眼識呢？

汝更細詳，微細詳審：見託汝睛，相推前境，可狀成有，不相成無，如是識緣，因何所出？識動見澄，非和非合。聞聽覺知，亦復如是，不應識緣，無從自出。若此識心，本無所從，當知了別見聞覺知，圓滿湛然，性非從所。兼彼虛空地水火風，均名七大，性真圓融，皆如來藏，本無生滅。阿難，汝心麤浮，不悟見聞，發明了知，本如來藏。

你再小心的觀察，見性是託付在你能見的眼根裏面，色相成為現前的塵境，可以成形狀的是有，叫色塵，不成相狀的是空無，叫虛空。而這個眼識是從那裡生出來的呢？眼識是動態分別性，見性是澄靜無分別性，二者體性各異，無法有和合之相。而聽識，嗅識，嚐識，覺識，意識也是一樣。總不可能說這個眼識是沒有原因，自然而有的。這個識心原本就是無所從來，你應該要知道，這個了別的識心，和見聞覺知性，都是圓滿湛然，它的本性都不是有所從來，有所從去。識大，見大，虛空和地水火風，共名為七大。七大其性為真，圓融無礙，都是如來藏性，本無生滅。阿難！你的心粗淺，不了解見聞等等根器，分辨了知的識性，本來就是如來藏性。

汝應觀此六處識心，為同為異？為空為有？為非同異？為非空有？汝元不知如來藏中，性識明知，覺明真識，妙覺湛然，遍周法界。含吐十虛，寧有方所？循業發現。世間無知，惑為因緣及自然性，皆是識心分別計度，但有言說，都無實義。

你應該觀察眼耳鼻舌身意六處的識心,是相同呢?還是相異呢?是空呢?還是有?是非同?還是非異?是非空?還是非有?你還不知道,在如來藏性中,性具之識就是妙明的真知,本覺之明就是性真之識。本妙本覺湛然光明,遍周法界。識心含吐十方無際虛空,沒有一定處所,只是因循著每個眾生的業力顯發其對應之境界。世間無知眾生,迷惑以為一切是因緣而生,或是自然無因而有,這都是第六意識虛妄心,無謂的分別計度,任何言語都是不究竟的戲論,完全不通達實相的意義。

爾時,阿難及諸大眾,蒙佛如來微妙開示,身心蕩然,得無罣礙。是諸大眾各各自知,心遍十方,見十方空如觀手中所持葉物。一切世間諸所有物皆即菩提妙明元心。心精遍圓,含裹十方。反觀父母所生之身,猶彼十方虛空之中吹一微塵,若存若亡。如湛巨海流一浮漚,起滅無從。了然自知,獲本妙心,常住不滅。禮佛合掌,得未曾有。於如來前,說偈讚佛:

這時阿難和法會大眾,承蒙佛陀仔細精妙的開示,

身心坦蕩自在，沒有如何障礙。法會大眾各自清楚，
真實本心是遍滿十方的。看十方虛空，就好像看手
中的樹葉一樣。一切世間所有萬事萬物，都是正覺
妙明本心自性所變現的。真心本性周遍圓融，包含
十方虛空法界。反觀由父母所生出的色身，就好像
在十方虛空中，吹起的一粒微塵，若有若無。也好
像在清澈的大海上，飄浮的一個小泡沫，起滅無常
不定。現在經過佛陀開示後，了然明白，本自具足
的靈妙真心，常住不滅。法會眾人合掌禮佛，得聞
前所未有的妙法。法會大眾在佛陀面前說偈稱讚佛
陀。

偈讚發願

妙湛總持不動尊。　　首楞嚴王世希有。
銷我億劫顛倒想。　　不歷僧祇獲法身。
願今得果成寶王。　　還度如是恆沙眾。
將此深心奉塵剎。　　是則名為報佛恩。
伏請世尊為證明。　　五濁惡世誓先入。
如一眾生未成佛。　　終不於此取泥洹。
十雄大力大慈悲。　　希更審除微細惑。

令我早登無上覺。　　於十方界坐道場。

舜若多性可銷亡。　　爍迦羅心無動轉。

國家圖書館出版品預行編目資料

輕鬆讀懂大佛頂首楞嚴經／清淨筏集著. 一初
版.一臺中市：白象文化，2020.05
面；　公分.——（信念；43）
ISBN 978-986-358-968-6　（上冊：精裝）
1. 密教部
221.94　　　　　　　　　109000664

信念（43）

輕鬆讀懂大佛頂首楞嚴經（上）

作　　者　清淨筏集
校　　對　清淨筏集
信　　箱　chinese-sutra@hotmail.com
專案主編　林榮威
出版編印　吳適意、林榮威、林孟侃、陳逸儒、黃麗穎
設計創意　張禮南、何佳諠
經銷推廣　李莉吟、莊博亞、劉育姍、李如玉
經紀企劃　張輝潭、洪怡欣、徐錦淳、黃姿虹
營運管理　林金郎、曾千熏
發 行 人　張輝潭
出版發行　白象文化事業有限公司
　　　　　412台中市大里區科技路1號8樓之2（台中軟體園區）
　　　　　出版專線：（04）2496-5995　　傳真：（04）2496-9901
　　　　　401台中市東區和平街228巷44號（經銷部）
　　　　　購書專線：（04）2220-8589　　傳真：（04）2220-8505
印　　刷　基盛印刷工場
初版一刷　2020 年 5 月
定　　價　300 元